問われる
食育と栄養士
学校給食から考える

河合知子・佐藤信・久保田のぞみ 著

筑波書房

問われる食育と栄養士　目次

はじめに　いまなぜ、食育、栄養士と学校給食なのか……………9

Ⅰ　食育基本法の何が問われるのか ……………………………14
　1．食育とは何なのか………14
　2．食育基本法成立までの経緯と背景………16
　3．法案をめぐる衆議院内閣委員会の議論………19
　　（1）食育基本法の基本問題──食育は義務づけるものか？──…19
　　（2）食育実践のための学校給食の評価と財政措置…21
　　（3）食育の周辺をめぐる論議…23
　4．食育概念の再検討………24
　　（1）食生活を形づくる基本…24
　　（2）足立食育論文の検討…25
　　（3）食生活主体と対象、手段…27
　5．食育の今後と栄養士………30

Ⅱ　栄養教諭創設のねらいは何か……………………………35
　1．栄養教諭に関する疑問………35
　2．栄養教諭創設のねらい──教諭になりたかった学校栄養職員──………36
　3．学校栄養職員と栄養教諭の職務内容の比較──補佐役から主役へ──
　　………38
　4．栄養教諭の「食に関する指導」………40
　5．家庭科教育との連携・調整………42
　6．栄養教諭の配置に向けた課題………43

Ⅲ　学校給食の献立はどう変化したか ……………………………50
　1．月刊誌『学校給食』掲載の献立分析………50
　2．主食の変化………51
　3．主菜料理、副菜料理の変化………54

        （1）主菜料理の変化…*54*
        （2）副菜料理の変化…*57*
     4．果物・デザート類の変化………*59*
     5．主食、主菜、副菜等の組み合わせの変化………*61*
     6．強化食品等の使用の変化………*62*
     7．献立作成上の留意点から見た学校給食のねらい………*64*
     8．教育の一環としての学校給食………*68*

Ⅳ　学校栄養職員に求められる能力とは ……………………………………*71*
     1．学校栄養職員の抱える問題………*71*
     2．給食管理の実態………*72*
        （1）煩雑な衛生管理…*72*
        （2）食物アレルギー児への対応…*74*
        （3）突発的な問題の対処………*75*
     3．食材料調達をめぐる現状………*76*
        （1）O-157食中毒事件以降の変化…*76*
        （2）地元産食材料利用の困難性…*77*
     4．「食に関する指導」の実態………*78*
        （1）指導の計画と実際…*79*
        （2）「食に関する指導」の課題…*81*
     5．学校栄養職員に求められる能力と必要な体制………*85*

Ⅴ　センター方式は本当に悪いのか …………………………………………*91*
     1．センター方式批判の背景………*91*
     2．センター方式における学校給食──北海道の事例を中心に──………*92*
        （1）帯広市の学校給食…*92*
        （2）北海道におけるセンター方式の実態…*94*
     3．献立作成に見る学校栄養職員の力量………*95*
     4．大事な学校栄養職員の力量………*98*

Ⅵ　栄養士教育に問われるもの ………………………………………………*101*
     1．傷病者対象に傾斜する栄養士教育………*101*

2. 栄養士の就職先………*102*
3. 深い理解をもたらさない教科書――生活の質（QOL）を素材に――
………*106*
4. 管理栄養士国家試験の問題点………*109*
　（1）不適切問題の多さ…*110*
　（2）断片的・クイズ的知識を問う出題…*112*
5.「栄養に係る教育に関する科目」内容………*113*
6. 栄養教諭養成のための課題………*116*

Ⅶ 栄養士養成系大学ではどんな食育研究をしているのか …………*119*
1. 盛んな食育論議………*119*
2. 食育の研究動向………*121*
3. 論文に見る食育の説明と問題意識………*122*
4. 食育研究の特徴………*126*

Ⅷ 学校給食における栄養士の強みと展望 ……………………………*130*
1. 要約………*130*
2. 栄養士の強み………*132*
3. 展望………*134*

あとがき ……………………………………………………………………*138*
索　引 ………………………………………………………………………*141*
著者紹介 ……………………………………………………………………*144*

図表資料目次

I
図 I －1　食の循環性と「食を営む力」の形成……26
表 I －1　食育基本法制定までの動き……17

II
表 II －1　学校栄養職員の職務内容……39
表 II －2　学校給食の管理に関する具体的な職務内容……39
表 II －3　児童生徒の食生活に係る問題の中で、個別的な相談指導が
　　　　　想定されるケース……41

III
図 III －1　主食別献立数の構成比変化……52
図 III －2　学校給食のねらい……67
表 III －1　パンの種類……52
表 III －2　ご飯類の種類……53
表 III －3　主材料別主菜料理数……55
表 III －4　主菜料理に用いられる肉類（50g以上）……56
表 III －5　主菜料理に用いられる魚介類（50g以上）……56
表 III －6　副菜料理の変化……58
表 III －7　果物・デザート類の変化……60
表 III －8　代表的な献立事例……61
表 III －9　強化食品等の使用献立数……63

IV
資料1　食の指導計画表……80　81
資料2　「食に関する指導」についての希望調査……82
資料3　学級活動（給食）指導案……83

V
表Ⅴ−1　北海道における大規模センターと小規模センター……95
表Ⅴ−2　自校方式とセンター方式の献立比較(2001年5月21〜25日)……96
表Ⅴ−3　2000年と2003年5月第3週の献立比較……97

Ⅵ
表Ⅵ−1　新カリキュラムの教育内容と単位数……103
表Ⅵ−2　管理栄養士・栄養士養成校の卒業生総数と栄養士業務就職者数の推移……105
表Ⅵ−3　職域別就職者数の推移……105
表Ⅵ−4　新規則第10条の3に定める各事項について想定される具体的な内容……115

Ⅶ
表Ⅶ−1　「食育」がタイトルに使用されている論文等の一覧（2004〜2005）……123

はじめに　いまなぜ、食育、栄養士と学校給食なのか

　2005年6月、2年越しの議論を経て食育基本法が成立した。同年9月総選挙後には、新人議員の猪口邦子が内閣府特命担当大臣（食育）となり、食育推進基本計画を策定した。相前後して、地方自治体レベルでも、食育推進計画、条例、食育推進本部等が作られている。

　食育を進めるのは、行政だけではない。大手食品企業は食育基本法をビジネスチャンスの一つととらえ、企業イメージ向上と販売戦略で売上げ増を狙っている。ある製パンメーカーは「○○は食育を応援します」というテレビコマーシャルを2005年夏に早速流した。別の食品メーカーは「食育講座」と冠をつけて乳酸菌の学習会を開催した。

　一方、JAを始めとする農業団体は、食育を農業理解の促進、地場農産物の消費拡大につなげようとしている。その勢いは、地産地消やスローフードブームをはるかに凌駕する。特に、学校給食に販路を見い出し、消費拡大を図ろうとしている。学校給食を通して子どもから親に消費を広げることも企図しているようだ[1]。

　新たな食育の専門資格を創設しようとする動きもある。複数の民間団体が「食育指導士」「食育コーディネーター」などを養成する通信講座を始めた。まさに食育ビジネスばやりである。

　むろん、食育をタイトルに入れた食育本も、この波に乗れとばかりに出版されている。

　しかし、筆者らが本書の課題とするのは、食育ビジネスについてでも食育推進運動についてでもない。食がこれほどまでに注目される時代における、

栄養士・管理栄養士（以下、特に断らない限り、栄養士と記述）の存在意義、役割を明らかにすること、そして、食育の主舞台である学校給食において、栄養士がいかに関わったら良いのかを解明することにある。

この課題を考えるにいたった背景は次の諸点である。2005年4月から栄養教諭制度がスタートしたが、その資格要件は、栄養士・管理栄養士の免許保有者及び取得予定者である。食育基本法第20条は、「食育の指導にふさわしい教職員の設置」に栄養教諭を想定している。学校栄養職員である栄養士は、今後、栄養教諭として「より高い専門性」を要求される時代となった。

しかしながら、「より高い専門性」とは何か。現在の栄養士の力量、栄養士養成教育の何が食育時代に不足しているのか。これらの検証を抜きにして栄養教諭制度が効果を上げ、食育推進が図れるとは考えにくい。

このことに関連して、栄養士に新たな免許・資格を与えたところで、有効な効果を得られず、むしろ危惧されると指摘する論者もいる。島田彰夫は、現在の栄養士が栄養素士になっていると批判し、栄養教諭が栄養素士で占められないことを期待していた（島田彰夫「食育の動向と食育基本法」『農業と経済』昭和堂、2004年9月号、21頁）。

また、伝承料理研究家の奥村彪生は以下のようにいう。「（前略）日本は全く生活技術の伝承は行われていない。（中略）日本の多くの家庭はそれを放棄した。今になって地産地消、食育をと国が叫んでいる。朝めし抜き、昼おにぎり1個、果てはポテトフライ1カップ。夜はインスタントめんを食べている管理栄養士の卵が食育に携わるとなると末恐ろしい。日本の食はおかしくなっている」（日本農業新聞2005年9月27日付「視点」欄）。

このように、現在の栄養士に対する批判は手厳しい。しかし、栄養士がこうした批判を受ける根拠は存在する。

2004年度で見ると、244の養成校（専門学校、大学等のこと）が、約1万8千人の栄養士、管理栄養士の受験資格を持った卒業生を社会に輩出している。日本には、累積すると数十万人の「食の専門家」である栄養士免許保持者がいることになる。それなのに、国民の食生活は多くの問題を抱えている。

たとえば、食事との関わりが深い糖尿病や高血圧症の患者が増え続けている。これらの事実は、専門的知識を身につけたはずの栄養士免許保有者が、国民の食生活向上に必ずしも寄与していないことを示しているのではないだろうか。

　栄養士の歴史は古い。1926年、佐伯矩によって開設された栄養学校の卒業生15名が栄養技手として社会に出た。彼らは現在の栄養士のはしりといわれている[2]。では、80年の歴史を有する栄養士が、これからの食育時代において社会の期待に真に応えるには何が必要なのか。本書では栄養士に対する期待を込めて種々の問題提起をしたいと考えている。

　以上を念頭において、本書では、学校給食に携わっている栄養士に焦点をあて、次の各課題を明らかにするものである。

　まず第一は、食育基本法成立までの議論経過と食育論文の検討を通して、現代日本における食生活把握のための枠組みと課題を整理したい。「食育推進運動」を「国民運動」として位置づける基本法において、その成立時に何が議論され、何が議論されていなかったのか。食育を真に進めるための課題、栄養士、栄養教諭に期待されることは何かを明らかにする。

　第二は、栄養教諭創設のねらい、求められる栄養教諭像、仕事内容の解明である。栄養教諭制度の導入以前から、学校給食では学校栄養職員による食教育（「食に関する指導」と呼ばれる）が実施されていた。では、栄養教諭創設のねらいはどこにあるのか、栄養教諭新設によって従来行われてきた他教科との連携・調整は可能か等を検討する。

　第三に、学校給食の献立変化を時系列に追いながら、今後の学校給食がねらいとすることは何か、学校給食の教育上の役割を提起する。

　第四に、現在の学校栄養職員の複雑化、高度化した仕事内容は具体的に何かを整理したい。そして、そこから導き出される学校栄養職員の真に必要な能力は何かを明らかにする。

　第五に、学校給食の運営形態のなかでも、センター方式に焦点を絞り、センター方式批判の背景を検討し、その実態を見る。また、学校栄養職員の献

立作成能力の重要性を明らかにする。

　第六に、管理栄養士の養成問題に触れないわけにはいかない。特に、「専門性を生かした、きめ細かな指導・助言」は栄養士ではなく管理栄養士レベルの能力が必要と関係者は力説する（女子栄養大学栄養教諭研究会編『栄養教諭とはなにか「食に関する指導」の実践』女子栄養大学出版部、2005年、25〜26頁）。では管理栄養士の専門性とは何か。管理栄養士を養成する大学等の教育のあり方、栄養教諭養成に向けての教育内容を整理、検討する。

　第七に、養成校に所属する研究者たちが、どのような「食育」研究を行っているか、食育をタイトルに入れた論文を読むことにより検討する。

　国家財政も地方財政も赤字が累積し、いくつかの自治体では破綻寸前といわれる。新たな予算をつけて施行される食育基本法関連の事業や栄養教諭の配置を「効果なし」で終わらせることは許されない。

　目先の予算消化を目的としたり、栄養士の単なる地位向上や待遇改善を目的にしてはならない。食育を「国民運動」ともち上げて、それまでの政策に無批判とならないためにも、また安易な食育推進施策に無駄なお金と時間を費やさないためにも、管理栄養士教育のあり方そのものや研究姿勢に及んだ再検討が必要な時期であると考える。

注）
1) たとえば、具体的事例として、以下の取り組みがある。JA全中（全国農業協同組合中央会）が小学校の学校栄養職員を対象に「ごはんで給食メニュー講座」を開催したり（『日本農業新聞』2006年1月27日付）、各JA（農協）で食農教育プランを策定する運動に取り組んでいる（同「論説」欄2005年11月12日付）。
2) 関東大震災を転機として、佐伯は栄養学校と栄養士の必要を痛感する。1925（大正14）年、栄養学校を作り「栄養士」の養成に着手した。詳細は以下の文献を参照。萩原弘道『栄養と食養の系譜　主食論争から健康食品まで』株式会社サンロード、1985年、78〜81頁。社団法人日本栄養士会『栄養士制度発展のあゆみ——栄養士会50年のあゆみ——』第一出版、1994年、1〜7頁。佐伯芳子『栄養学者佐伯矩伝』玄同社、1986年、36〜46頁。大磯敏雄『混迷のなかの飽食——食糧・栄養の変遷とこれから——』医歯薬出版、1982年。

島薗順雄『栄養学の歴史』朝倉書店、1989年、202～205頁。

I 食育基本法の何が問われるのか

1. 食育とは何なのか

　本章の目的は、食育基本法案をめぐる議論と食育概念の検討を通して、現代の食生活を把握するための枠組みを示すことにある。

　2005年6月に成立した食育基本法は前文と4つの章（総則、食育推進基本計画等、基本的施策、食育推進会議等）から成る、全33条の法律である。前文では日本人にとっての「食」の重要性を述べつつ、食育推進の必要性を指摘する[1]。

　しかし、前文の「心身の健康を増進する健全な食生活」とは具体的に何を意味するものか、同じく前文の「食」に関する「信頼できる情報に基づく適切な判断を行う能力」の能力とは、何を意味し、どうすれば養成できるのか。また、食育推進を「今こそ、家庭、学校、保育所、地域等を中心に、国民運動」として取り組むことと明記しているが、果たしてどのような運動によって食育が推進できるのか。このように、食育基本法を読み込んだ時、様々な疑問が浮かんでくる。

　そして、何よりも疑問なのは、この食育基本法は、国民の「健全な心身を培い、豊かな人間性を育むため」に食育が必要であると述べるものの、肝心の食育の意味内容を明らかにしていないことである。実際、基本法の全条文を見渡しても食育の定義はない[2]。では改めて食育とは何であるのか。なぜ食農教育や食教育ではなく、食育なのか。

Ⅰ 食育基本法の何が問われるのか

　食育基本法研究会編『Q&A早わかり食育基本法』という本がある。同書では、基本法は食育を定義していないものの、食育を「教育の三本柱である、知育・徳育・体育と並ぶものではなく、それらの基礎となるべきもの」との内容規定をしていると述べている[3]。

　法案成立に一役買った武部勤（現自民党幹事長）は、食育という用語について、「いろいろな意見があったし、食農教育という案も出た。しかし、食農教育というと食と農だけになってしまうが、食育というのはそれだけではなく、食文化、伝統食、作法など、かなり広い範疇のものを示したものと考えている」として、食農教育ではなく食育とした意義を述べている[4]。

　また、古くから食育普及に力を入れ、1989年の「食を考える懇談会」を通して当時の小泉純一郎厚生大臣にも影響を与えた砂田登志子は、「『教』は支配する、管理する、こうしなさい、ああしなさい」という意味を含む言葉である。しかし、「健康は変(ママ)わってあげられないから、自分で自分を守るしかない。これは『育』。20世紀は『教』の時代だったけれど、21世紀は『育』の時代だと思う。私はそういう意味も含めて、食教育ではなくて食育だと考えている」と述べている[5]。

　足立己幸は、「今や国民運動・市民運動として、地域の特徴を活かした多様な目的や推進が期待されている食育について、全国一律の定義やねらいは不適であろう。重要なことは、それぞれの立場で、誰のための食育か、食育の目的や目標、内容や方法を検討するための枠組みであると考える」[6]と述べる。

　このように、食育には、法律制定に至るまではっきりとした定義が与えられていなかった。反面、食育の目的——「生きる上での基本」として「食に関する知識」「食を選択する力」を習得し「健全な食生活」を実践することができる人間を育てる（前文）——が示されている点に特徴があろう。

　その意味で食育とは、あいまいに使われつつも、上から諭される印象の、「教」のついた食農教育や食教育とは異なった、自己教育や自己責任に重点を置いている用語であることが理解できる。

当然、用語に厳密さがないゆえに、「食」に関係する、農業生産、食料品購入、学校給食、教育、食事、栄養素摂取、スポーツ、健康づくりなど全ての営みを食育に読み替えることも可能となる。食育とは、「食」をめぐる多様な立場の人々——農業者、農業団体、流通団体、政党、消費者団体、栄養士、教育機関等——が様々な目的実現のために利用できる便利な用語ともなっている[7]。

　しかし、食育基本法が予算を伴って推進された場合、どのようなことが起こり得るか。一つは、食に関連する様々な企業・団体が新たなビジネスチャンスとばかりに食育を利用するであろう。それは食育の名を掲げた講習会であったり通信講座であったり、新商品・サービスの提供であったりする。二つは、食育をめぐる新たな利益団体——食育関連の資格認定機関であったり、コンサルタント機関——が活動すると考えられる。食育関連の公益法人がつくられるかも知れないし、また既存の公益法人の延命のために食育が利用されるかも知れない。天下り機関として利用されることも十分考えられる。

　むろん、仮に、上記のような動きがあったとしても、国民全体が食生活の問題点を広く認識し、解決を目指す方向で進むのならば、それはそれで喜ばしいことである。しかし、食育基本法の施策がその方向に寄与するかどうかは、施行後間もないこともあり明らかではない。むしろ、食育基本法制定までの議論からも、また食育研究者らの主張からも、幾つかの問題点、課題があるものと考えている。

　そこで以下では、食育基本法提出までの経緯と衆議院内閣委員会における議論を振り返ることで、その論点を整理する。次に、食育概念に関する論文の検討を通して、現代の食生活を考える上での視角と課題を提示することとする。

2. 食育基本法成立までの経緯と背景

　まず、基本法提出までの経過を確認し、その背景を明らかにしよう[8]（表

Ⅰ 食育基本法の何が問われるのか

表Ⅰ-1 食育基本法制定までの動き

2000年3月	食生活指針策定。
2001年4月	小泉内閣誕生。
2001年9月	BSE問題の発生。
2002年4月	BSE問題に関する調査検討委員会報告。
2002年4月	「『食』と『農』の再生プラン」(農林水産省)。
2002年6月	骨太の方針2002。「関係府省は、健康に対する食の重要性に鑑み、いわゆる『食育』を充実する。」
2002年11月	自民党政務調査会に「食育調査会」設置。
2003年7月	食品安全基本法施行。内閣府に食品安全委員会が設置される。
2003年6月	骨太の方針2003。「人間力を養う柱となるとともに、食の安全・安心確保の基礎となる『食育』を関係行政機関等の連携の下、全国的に展開する。」
2004年5月	第159回国会にて「学校教育法一部改正案」(栄養教諭制度)成立。
2004年6月	骨太の方針2004。「『食育』を推進するため、関係行政機関等が連携し、指導の充実、国民的な運動の展開等に取り組む。」
2004年12月	食育基本法案衆議院内閣委員会提出(未成立)。
2005年4月	栄養教諭制度発足。
2005年6月	食育基本法成立。骨太の方針2005。「食育基本法に基づき、食育推進基本計画を作成するとともに、関係行政機関等が連携し、国民運動として食育を推進する。」

Ⅰ-1を参照)。2001年4月に誕生した小泉政権は、翌年、内閣の経済財政運営と構造改革に関する基本方針2002、いわゆる「骨太の方針2002」を閣議決定する。そこで、健康寿命の増進のために、「関係府省は、健康に対する食の重要性に鑑み、いわゆる『食育』を充実する」と初めて食育が登場した。

「骨太の方針2003」では、「人間力を養う柱となるとともに、食の安全・安心確保の基礎となる『食育』を関係行政機関等の連携の下、全国的に展開する」と述べ、食育を行政の俎上に乗せ、実施することを謳った。

「骨太の方針2004」においては、「『食育』を推進するため、関係行政機関等が連携し、指導の充実、国民的な運動の展開等に取り組む」、さらに「骨太の方針2005」では、「食育基本法に基づき、食育推進基本計画を作成するとともに、関係行政機関等が連携し、国民運動として食育を推進する」と述べ、ここに基本法制定と国民運動推進の目標が示されることとなった。

一連の「骨太の方針」で食育を唱えるきっかけとなったのが、2001年9月のBSE、その直後の牛肉偽装事件など一連の食品安全・安心問題であった。これら食品の安全・安心問題の対策として、食品安全基本法の制定などを進めたが、有効な成果をもたらしておらず、国民の食に対する不安感は未だ払

拭されていない状況となっている[9]。

こうした情勢を反映して、まず、国民の食に関する意識や知識向上のための決定打としたのが食育基本法だったといえよう。また、食育基本法提出の背景には、2000年策定の「食生活指針」が国民に充分に浸透しなかったという事情もあった点を指摘しておきたい。事実、「食育基本法案に関する資料」では以下のように述べている。

「……BSE問題及びその前後のO-157問題、食品偽装問題等、食品の安全性をめぐる問題の発生により、食品に対する信頼性が極度に低下する事態に至った。これにより、消費者の過剰反応ともいえる風評被害が発生した。これは裏返して言えば『食に対する知識の欠如』によると見られる問題状況であり、従来の食生活改善に関する政策が必ずしも成功していないことが露見した」。

さらに、食育基本法案提出の背景には、農水省の役割が大きな意味を持っていた。農水省や関連団体は、ここ数年、食を考える国民会議（1999年～）の開催など、生産者と消費者との交流事業を立て続けに実施してきた。また、食育基本法施行に基づき、米を中心とした「日本型食生活」の普及・啓発、スーパーやコンビニの店頭での「食事バランスガイド」の表示等、国内産食料の消費拡大に力を入れている。これは、食料自給率向上が食料・農業・農村基本法の至上命題でもあるからである。ところが、従来の対策では自給率向上の見込みがないため、ある意味切り札として食育基本法を制定し、それによって国民意識を変えようとしているのである。逆にいえば、食育基本法の施行によって、自給率向上が思う通りにならなかった場合でも国民一人ひとりに原因があるものと言い逃れることも可能となった。与党自民党としても、WTO体制の下で地域農業の衰退を余儀なくされている中で、農村票を得るための目に見える努力を示す必要があったのであろう。

3. 法案をめぐる衆議院内閣委員会の議論

　食育基本法は、賛否両論に分かれた法案（賛成＝自民・公明・共産、反対＝民主・社民）で、民主党にあっては反自民を際だたせるためのポーズという面も否めなかったが、重要な指摘を委員会で行っていた。ここでは、特に2005年4月から5月にかけて、3回にわたって行われた衆議院内閣委員会の議論に焦点を絞り、その内容を確認しよう（以下は2005年第162回国会衆議院内閣委員会の議事録によった[10]。肩書きは当時のものである）。

(1) 食育基本法の基本問題——食育は義務づけるものか？ ——

　民主党の小宮山洋子は、法案の疑問を次のようにぶつけた（2005年4月6日、内閣委員会）。第5条の、家庭内において食育の推進を義務づける条文についてである。以下引用する。

　小宮山「第5条のところに『子どもの食育における保護者、教育関係者の役割』というのがございまして、父母その他の保護者は、食育について、家庭の重要な役割を認識する、そして子供の教育、保育等を行う者は食育の重要性を自覚すると。認識して自覚するのはよろしいのですが、それで何を推進する活動に取り組むのでしょうか」。

　議員立法の提案者の一人である西川京子（自民党）は次のように答弁した。

　西川「…確かに、先ほどから小宮山さんがおっしゃっていること、どこまで国がこういう基本法、法律で個人の領域に入っていくのか、その辺は私もかなりあいまいな部分というのはずっと残っているのは事実でございます。しかし、今それが、かつての日本社会であればごく当たり前であったことが、例えば家庭、学校での役割分担というようなことが大変明確に、社会秩序というものがもう少しきちんとしていた時代があったと思うんですね。そういう中で大変、親が親たる義務をどうも果たしていない現実とか、さまざまなそういうものが、今本当に社会現象の中で出てきているのは事実でご

ざいます。そういう中で、やはりこれをそのまま何もしないでいていいのか……そういう中で、実際に家庭や、教育、保護者が、言うなれば、できればそういうふうにしてほしいなという願いという思いでとらえていただけたらありがたいと思いますけれども、‥‥。」

この答弁に対し小宮山は、「今、提出者の西川議員がおっしゃいましたように、あいまいな部分があるとか、願いとか思いとか、そんなことで基本法をつくっていいんですか。私は非常に疑問に思います。」と重ねて疑義を呈した。つまり、小宮山は、5条で「‥ねばならない」と「子どもの食育における保護者、教育関係者の役割」を義務化しているにもかかわらず、推進する内容があいまいである点を突いたものであった。

小宮山は続いて、「健全な食生活」という言葉について質問する。

小宮山「13条に、『国民の責務』とあります。『生涯にわたり健全な食生活の実現に自ら努めるとともに、食育の推進に寄与するよう努めるものとする』と。ここで言われている健全な食生活というのは一体何でしょうか。先ほど農水省の副大臣がおっしゃったように、お米を食べろということですか。ハンバーガーやカップラーメンはいけないということですか。そういうことは個人の選択、自由でしょう。」

これに対して西川は、個人の自由である点を認めながらも、「政府としてあるいは国会議員として、行政として、ある程度のきちんとした目安、方策、それの一つの環境整備ということに努めるのは当然の義務だ」と答えた。小宮山は「余計なお世話」といっている[11]。

さらに小宮山は第19条について、「料理教室や健康美なんということまで、何で基本法でこんなことをやるんですか」と指摘し、「やはりこれは国会議員として、基本法というものをもっと私は大事に考えてほしいというふうに思うんですね。そんな思いや願いやメニューを出すものが基本法だったら、何でもかんでも基本法になってしまうじゃないですか、そういう意味で、私どもは、こういうことを基本法にするのは個人の領域に踏み込み過ぎたというふうに思っております」と反対意見を述べた。

I 食育基本法の何が問われるのか

　ここに食育基本法の基本問題が存在している。法案では、家庭や個人、事業者の食生活の改善への推進を要求しているが、推進といってもあくまでも「願い」や「思い」の範囲であると提案者側はいう。しかし、「義務」と明文化しているからには法を施行する側は義務づけられたものとして受け取るであろう。4月8日委員会の参考人として招かれた水原博子（食の安全・監視市民委員会事務局長）も次のようにいう。

　水原「食の安全、それから食育といいますのは、私どもはこれは消費者の権利だと思っています。権利、義務ではありません。それを、今回の食育基本法では義務的な形でもって位置づけられているんじゃないかと私は思うんです。そこが一番問題だと思います。」

　民主党が食育基本法に反対した大きな根拠もここにある。

(2) 食育実践のための学校給食の評価と財政措置

　もっとも、法案に反対した民主党議員にあっても学校給食を通した食育については賛意を示している。以下は4月6日内閣委員会における高井美穂（民主党）の発言と政府参考人の答弁である。

　高井「家庭の食事に踏み込むのは本当に難しいと私は思いますし、どこまでするべきかというのには大いに懸念があるんですが、給食という現場は公的なところがするわけですし、我々政治の場でも、改善しやすい大事なところであるというふうに思います。学校栄養教諭の役割がますます大事になると思いますので、ますますその支援の方をよろしくお願いしたいというふうに感じています。」

　西阪昇政府委員（文部科学省スポーツ・青少年局）「栄養教諭につきましては、職務といたしまして、学校給食の管理とともに食に関する指導を行うということで、児童生徒に対する個別相談、指導を初（ママ）め、各教科における指導のほか、食に関する指導を効果的に進めるため、学校の教職員や保護者、地域の関係機関等の連携、調整を行う、先生に御指摘いただきましたように、食に関するコーディネーターとしての役割を果たしていくというこ

とが期待されているわけでございます」。

このように、食育実践の場としての学校給食、それに携わる栄養教諭の重要性は与野党を問わず共通の認識であった。しかし、ここで気になるのは財政面の裏づけである。

小宮山は問う。「14条のところに、政府が講じる必要な法制上または財政上の措置というのがございますが、これだけ多くの分野にわたって、一体何の法制上、財政上の措置をこれからとるんですか」。

同じく、民主党の岩國哲人も財政問題を少々強く指摘する。

岩國「給食事業というのはこの食育法が成立しようとしなかろうと、成立すればなおさらのこと学校給食は大きな役割を、食育法の実施の中のエースは学校給食だと私は思います。子供を教育し、学校給食という事業は、経済規模で幾らのお金がかかっているものなのか、国と地方自治体とそして家庭とがそれぞれどういう比率でそれを負担し、これからも行われていくことになるのか、お答えください」。

この質問に対して西阪は、「地方公共団体の学校給食にかかわる予算につきましては、私ども数字を把握してございません。先ほど、学校給食に関する文部科学省の予算につきましては、施設あるいは学校の給食費、それらもろもろでございまして、それぞれの状況に応じて所要額を計上しているという状況でございます」と答えるのみであった。したがって、次の岩國の発言が重みを増すことになる。

岩國「私は、こういうことは問題だと思うんですね。財政再建ということをうたう小泉政権が、財政再建の道半ばにしてこの新しい法律をつくって、この新しい法律のために幾らお金がかかるかという試算さえもだれ一人していないとすれば、大変問題ですよ」。

他方、予算獲得の必要性を強調したのが吉井英勝（共産党）であった。吉井は、次のように質問し西川の答弁を引き出す。

吉井「食育基本法というのを今度つくるということですが、食育というんだったら、私は、学校給食を授業の一部と位置づけて、……各学校に調理室

があって、調理員や栄養士さん、食育担当の教員などがいて、食材の段階から栄養面、安全面、農漁業とのかかわり、調理実習、食生活全般に至るまで、丁寧に学んで体験していくということが大事だと思うんです。それからまた、地域の伝統とか食文化を考えるならば、アメリカの給食事業並みに、地域の農産物の買い上げなど、そういうことが大事だと思うんですね。そうすると、この基本法で取り組んでいこうというのならば、それに見合った予算保障というものをどう進めていくかということがやはりあわせて考えられないと、本当にこれはただの紙くずになりますから、その点提案者としてどうお考えかを伺います」。

西川「私もやはり、本当に食育ということを考えるのであれば、家庭と学校教育と両輪となって、きめ細かな食生活ということを確立していかなければいけないと思っておりますので、財政的に許されるならばそういう方向に、大工場のような、そこから学校に配付（ママ）するのでなくて、個別（自校方式の学校給食のこと…引用者）にというのができ得れば望みたいなという気持ちは個人的には持っております。そういう中で、……今後一層私たちも、この法案をつくった者として、責任を持って、少しでも充実に向けた予算獲得に頑張りたいと思っております」。

法案に賛成した各党の思惑としては、生産者や学校給食等への予算拡大があったようだ。しかしながら、財政問題を度外視して基本法を成立させたことは、各地方自治体の財政支出をいっそう困難なものにしないかと危惧せざるを得ない。

(3) 食育の周辺をめぐる論議

小宮山が食育基本法に反対する理由の一つには、食育の周辺にある事柄、つまり、家族で食卓を囲むことのできない労働のあり方から見直す必要があるにもかかわらず、基本法では欠落している点にあった。小宮山は次のように指摘する。

小宮山「……ここに（条文のこと…引用者）これだけ並べられているのに

欠けている視点といたしましては、家族で食卓を囲むということが私は非常に大事なことだと思っていまして、今の働き方、例えば本当の意味のワークシェアリングをきちんとして、子育て中の、これは母親だけではなくて父親も、必要なときには短い勤務時間で帰れるとか。…これはやはり、同じ価値の仕事をしたら同じだけの報酬があるというような法整備をした上で、女性も男性もさまざまな柔軟な働き方がライフスタイルに合わせてできる、そのことによって食卓を家族で囲むということが、今の子供の問題なども含めて非常に大事な視点だと思いますので、…その中にそれが入っていないというのもまた足りない面なのかなという感じがいたします」。

このように、小宮山は生活・労働する主体である家族・個人のライフスタイルから食育というものを見る必要があることを述べた。法案の欠落部分を埋める指摘だったといえよう。

4. 食育概念の再検討

(1) 食生活を形づくる基本

衆議院内閣委員会の議論は、食育基本法の理念、実施内容、財政措置等多岐にわたり、それなりの意義があった。しかしながら、食育基本法案の議論では、不十分なあるいは欠落している点があったことも否めない。以下検討しよう。

日本人の食生活が問題を抱えている点は、食生活指針、健康日本21等国民健康に向けた食生活改善の動き、食育基本法案の登場等、ほぼ共通認識を見ている。ただし、食生活は、本来的には家族を単位として地域ごとに、歴史的に形づくられてきたものである。家族や個々人の労働・生活様式による差異も大きい。それが、産業化の進展に応じて、栄養面の改善、調理・加工などの社会化・外部化が進んできた。また、調理器具、用具も変化してきた。さらに、食の安全・安心が失われる事件の多発が食事内容にも変化をもたらしてきた。そして何よりも、食生活は、その主体が日々営む生活の一部であ

るから、主体の置かれている労働様式、さらには階層の様態に大きく規定される[12]。

　しかし、一見、食生活は個々人の選択によって成り立っているように見えることから、たとえば、「食生活の多様化、国際化」「栄養摂取状況の改善」「どこでも便利に手に入る食事」等の肯定的な評価と、「飽食」「個食・孤食」「生活習慣病の多発」等が併存していることの意味にまで国会では議論が及ばなかった。

　では、食育基本法案を再検討する手段には何が必要であろうか。本書のテーマである栄養士——食生活をより良い方向にするための知識、技能を有する職種——の役割を明らかにするという課題に沿っていえば、理想とする食生活スタイルを念頭に置き、それを阻害する要因を明らかにする必要があるものと考える。

　これには、食育基本法制定、栄養教諭制度創設に向けて貴重な発言を続けてきた足立己幸の食育関連論文が役立つ。以下、これらを手がかりとして検討しよう。

(2) 足立食育論文の検討

　先にも述べたように、足立らは「今や国民運動・市民運動として、地域の特徴を活かした多様な目的や推進が期待されている食育について、全国一律の定義やねらいは不適であろう」としつつも、「『食育』とは人々がそれぞれの生活の質と環境の質のよりよい共生につながるように"食の成り立ち（育ち）"の全体像を育てつつ、その成り立ちを活かして食を選択し、実践できる力を育てること、並びにそれを実現しやすい食環境を育てるプロセスである」[13]とのたたき台を提案し、「人間が人間らしく生きる・生活する資源としての食、同時に健康の資源でもある食を営む力を育てること、そしてこれらを実現可能な社会・環境を育てること」[14]と食育を定義する。

　また、足立にとって人間の食を、①「栄養素やエネルギー源のような栄養成分だけでなく……ダイナミックスとしてとらえ」、②「味や心の面、文化、

図Ⅰ-1　食の循環性と「食を営む力」の形成

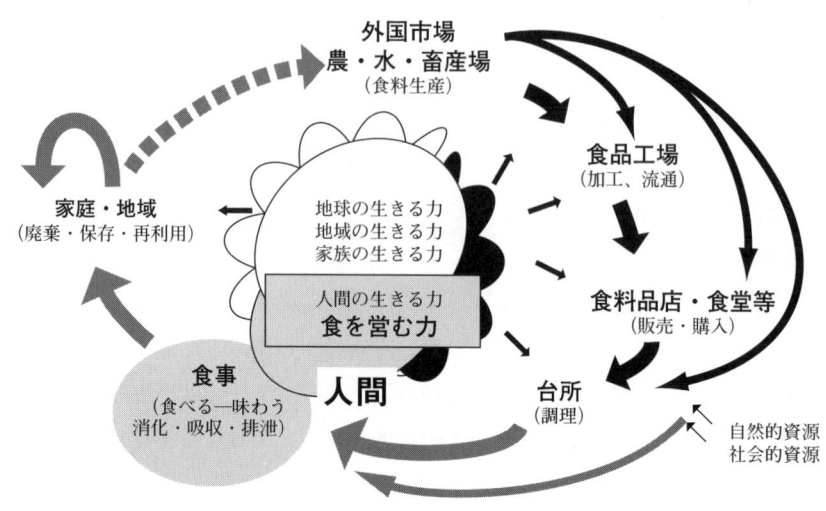

資料：足立己幸、衛藤久美「食育に期待されること」『栄養学雑誌』Vol. 63 No.4、日本栄養改善学会、35頁。

経済、社会等」との「相互関係を含めてとらえ」、③「味わい、食べる諸行動」……等「食生活を営む力の形成や伝承行動を含めてとらえ」、④「食環境」、特に「フードシステムとの関連等……をとらえ」、⑤「地域の伝統的な食生活や異食文化との関連でとらえ」、⑥「これらの歴史を含めた、ひだ深い地域性」の重視、といった「食の構造」として把握しようとしている[15]。これらの考え方を示したものが上の図となる。

　見る通りこの図は、中心に人間を据えている。足立によれば「地域で生活している人々（人間）」であり、これを取り囲むようにして、図の右下から「台所などで調理されたもの」、それらが「売られている食料品店や食堂等」、それらが「加工され、流通されてきた食品工場等」、そして「その食材が生産された農・水・畜産場等」での各プロセスでの各選択の結果、「人間は食べ、生活する」ということになっている[16]。

　これらの食物を「食べた結果」、「文部科学省の教育目標でいえば『生きる

力』」が形成されると述べているのである。

この「生きる力」とは、子どもであれば、「食の循環の全体像を描きつつ、自分（たち）が何をどう選択するかを考える力や実践スキル、それらを実現しやすい食環境づくりを進める力」[17]を形成することであるとする。

図Ⅰ-1に見るように、食の循環と自分（たち）との関わりで食べる行為を示したことは、グローバル化した食のシステム把握として適した方法といえよう。

ただ、子どもも含む人間（たち）が、「社会・環境」との共生を視野に入れた「食の全体像」を学ぶ重要性は理解できるとしても、その学び、力の形成はいったいどのようにして身につくのであろうか。この図にはいくつかの注意点が必要と考える。

(3) 食生活主体と対象、手段

第一の注意点は、人間と食環境との関わりについてである。この図では、中心に人間を据えて、台所や食料品店・食堂等、食品工場へ矢印が向けられている。この矢印は食を「選択」する先を示している。選択先の矢印は、外国市場から始まり台所、食事、その先までのチェーンでつながっている。これはフードシステムのことであろうが、ただ図では各段階のフードシステムと人間との関係が【人間→システム】への一方的な方向でしか描かれていない。

だから、「食を営む力」「生きる力」がいったい何によって育まれるのか、人間の内発的なものなのか、それとも食事行為だけからなのか、この図では明らかになっていない[18]。

第二の注意点は、食事行為の基本的で重要な単位は人間（たち）あるいは家族であるが、この図では食事主体の表現が曖昧となっていることである。

たとえば、図では「人間の生きる力」「食を営む力」と「食事」は同じ網にかかっている。これが食を営む主体にあたるとすれば、ここから左側に延びている矢印の先にも「家庭・地域」があり、離れている。その意味で、こ

の図は、食生活主体の範囲が不明確であるし、食生活主体が関わる食との関連性もわかりにくいものとなっている。

　第三の注意点は、食料の調達先である。図では、外国市場、農・水・畜産場、食品工場（加工・流通）、食料品店・食堂等などから入手するようにみえる。仮にそうだとしても、加えて食べ物の入手には、贈答や家庭菜園、釣りや山菜採りによるもの等もっと多様ではないか。

　食育基本法論議で見たように、今後、地元産食材料の利用を学校給食や家庭でいっそう進めることが予想される。子どもたちや地域住民は、地域資源への関わりを深めて、「地域の生きる力」「人間の生きる力」を学ぶようになる。ところが、この図は「人間」と食供給対象である生産との関わりが十分に描かれていない。

　第四に、食生活を営む手段と「人間」との関わりについてである。たとえば調理手段には最新の家電などの調理機器もあれば古くからの調理用具も存在し、それらは普通台所に配置される。調理力量の向上は食育基本法でも強調されている点であるが、図では台所（調理）として目立たないところに位置している。調理を通した「食を営む力」が印象の薄い存在となっているのである。

　それでは、足立の図における「人間」を、家族を中心とする食生活主体として整理し、主体を取り巻く要因との関係で今一度確認しよう。

　食生活主体にとって、日々の労働条件、家族構成、所得水準等によって食生活の営みは変化する。食生活手段には住居、調理施設・設備、調理器具の所有・使用状況等によって形作られる。当然食生活主体により変化するし、逆に食生活手段のあり様は生活する主体に影響を及ぼす。

　食生活対象は、食材料そのものであるが、その供給状況、調達状況、加工度、外食・中食の立地、利用状況等、食生活主体の置かれている経済状況、労働条件、家族関係、趣味等によって変化する。足立のいうように、フードシステム全体からの影響を受けることになる。

　このように食生活主体は、食生活手段、食生活対象と相互浸透しあう関係

にある。たとえば、食生活主体である家族が家庭菜園に取り組み食事に活用する場合を考えてみよう。そのためには家庭菜園のできる住宅あるいは市民農園等が必要である。また畑づくりの可能な自由時間の存在も必要となる。子どものいる家族ならば、子どもの手伝いによって子どもへの「農」教育の機会ともなろう。畑づくりによって家族もまた多くを学ばされるのである。そして菜園で作られる農作物の調理加工のための特別の調理器具も必要となり、食生活手段の利用も多様化してゆく。調理加工は、食生活主体の意識や行動に影響を与え「食を営む力」の育成にもつながってゆくのである。

食育基本法の実践や、足立の食育概念はこのように豊富化されていかなければならないと考える。

ここで、改めて、衆議院内閣委員会の議論を振り返り、課題を整理しよう。

第一に食生活主体に関する課題を見ると、個人・家族における食生活問題の打開方向を栄養教諭制度の創設、現在の労働・仕事のあり方の見直し等を委員会では議論していた。しかし、栄養教諭の配置によってどんな内容を、どのような方法で、誰に対して教育するのか、という具体策を吟味しておらず、食物アレルギー児等個々の児童生徒へのきめ細やかな対策についても議論しなかった。

第二に、食生活対象に関する課題については、学校給食を重要視し、そこへの地元産食材料の導入を与野党とも課題として取り上げている。しかし、食材料調達のための給食予算は市町村単位で計画されることから、現場の関係者たちがどのような工夫によって仕入れているか、また制約があるのかを深く解明する必要がある。

学校給食に関連していえば、地元産食材料の提供が第一目的で、残食、食事マナー不足、好き嫌いの多さとその背景にある家庭の食事実態の議論が委員会では不足していた。経済格差拡大の下で生じている食生活主体の実態把握は重要課題ではないか。

そして、家庭内調理に課題があるならば、どうしたら良いのか。それとも外食・中食産業が食育に力をいれることで家庭内調理はこのままで良いの

か。満足な調理ができないような狭い住居の問題はどう考えるのか。これは「こんご住育が必要となるのか」と質問した民主党牧野議員の発言が、実は的を射ていたともいえる。

5．食育の今後と栄養士

　以上、食育基本法をめぐる議論と食育概念の検討を通して、食生活を考える枠組みを明らかにしてきた。食育基本法は、2006年以降、食育推進のための「国民運動」として具体的に策定し実践する段階となっている。

　こうした状況の下、「食の専門家」といわれる栄養士・栄養教諭に必要な事柄は何であろうか。

　まず、食生活主体である家族・個人の、調理、食料調達力量、健康・体力の向上に栄養士・栄養教諭らが積極的に関わる必要があろう。特に、学校で食育を実践するとき、学校菜園で作った野菜の活用、地元産農作物の調理等に栄養教諭が指導する立場になるだろう。食育の現場において、栄養士は一層幅広い知識・技能を要求されることになる[19]。

　その際、栄養士・栄養教諭に過度の期待をかけることは酷といえるかもしれない。というのも、世界中から食料を輸入する日本にあって、「日本の優れた食文化」の向こうにあるものを具体的に教えることが、関係者の今の力量で可能だろうか、限られた学校の時間内でこのような食育が可能だろうか、との疑問が絶えず残るからである。むろん、食育時代にあっては、これらを栄養士・栄養教諭に備わっている知識として期待されることは間違いない。

　学校給食現場の栄養士・栄養教諭には、子どもや保護者の食生活改善、さらには食料自給率向上[20]にまで期待が寄せられるであろう。しかし、その期待に応えるためには、栄養士の継続的な研鑽が必要であるとともに、食育時代に適合した質と量が栄養士養成課程に求められるのである。

　また栄養士は今後、従来の職域を越えて、食の情報提供や学習活動に関与し、個別あるいはグループごとに健康づくりの支援活動をする必要性も深ま

っていくものと考えられる。

注）
1）食育基本法の目的は第1条でこう謳われている。
　「この法律は、近年における国民の食生活をめぐる環境の変化に伴い、国民が生涯にわたって健全な心身を培い、豊かな人間性をはぐくむための食育を推進することが緊要な課題となっていることにかんがみ、食育に関し、基本理念を定め、及び国、地方公共団体等の責務を明らかにするとともに、食育に関する施策の基本となる事項を定めることにより、食育に関する施策を総合的かつ計画的に推進し、もって現在及び将来にわたる健康で文化的な国民の生活と豊かで活力ある社会の実現に寄与することを目的とする。」
　食育に関する施策の基本事項は、「国民の心身の健康の増進と豊かな人間形成」（第2条）、「食に関する感謝の念と理解」（第3条）、「食育推進運動の展開」（第4条）、「子どもの食育における保護者、教育関係者等の役割」（第5条）、「食に関する体験活動と食育推進活動の実践」（第6条）、「伝統的な食文化、環境と調和した生産等への配慮及び農山漁村の活性化と食料自給率の向上への貢献」（第7条）、「食品の安全性の確保等における食育の役割」（第8条）とされている。
2）基本法に食育の定義がないことから、県レベルでは、食育推進計画策定の際に、条文を再構成してわざわざ定義をつくっている。岩手県では、「現在及び将来にわたり、健康で文化的な国民の生活や豊かで活力ある社会を実現するため、様々な経験を通じて、国民が食の安全性や栄養、食文化などの『食』に関する知識と『食』を選択する力を養うことにより、健全な食生活を実践することができる人間を育てること」としている。岩手県「岩手県食育推進計画」2006年2月。
3）食育基本法研究会編『Q&A早わかり食育基本法』大成出版社、2005年、6～7頁。
4）農政ジャーナリストの会編『「食育」──その必要性と可能性』（日本農業の動きNo.150）2005年、32頁。なお、食育がいつから使われてきたかについては、明治期からとよく指摘される。特に、村井弦斎や石塚左玄が食育を使用した嚆矢であるとされる。しかし、両人とも明治期の文人であり食養家である。石塚は後の桜沢如一に影響を及ぼすなど近代栄養学批判にかれらの提唱の意義があった。その人たちの使用した食育を現在の栄養学を学び育てる人々が新たな動きとして取り上げるには、それなりの総括が必要ではないだろうか。（食育という言葉の発生から現在までの動向については、森田倫子「食育の背景と経緯」『調査と情報』第457号（2004.10）が詳しい。Web上の

URLはhttp://www.ndl.go.jp/jp/data/publication/issue/0457.pdf。食育基本法に直接つながる用法は、砂田登志子によるといってよい。砂田は「食料・農林漁業・環境フォーラム」第35回学習会（2003年9月）において次のように話す。「小泉さんが厚生大臣になって『食を考える懇談会』というのを発足して、…92年から93年に私は…委員の1人で、その本を出しました。その題を『食育時代の食を考える』にしたいと私が小泉さんに言って、イエスをもらい、それ以後食育という言葉が使われるようになったことは事実です」。同フォーラムホームページ。

5）農政ジャーナリストの会編前掲書、103頁。小泉純一郎厚生大臣（当時）の提案で始まった「食を考える懇談会」の出席者、発言内容については、厚生省保健医療局健康増進栄養課監修『食育時代の食を考える』中央法規、1993年を参照のこと。

6）足立己幸・衛藤久美「食育に期待されること」『栄養学雑誌』Vol.63　No.4、日本栄養改善学会、33頁。

7）「食育」が便利な用語である一例として、2006年4月から学校給食用脱脂粉乳の供給事業を引き受けた㈶学校給食研究改善協会のホームページを紹介したい。ホームページにはこうある。学校給食用脱脂粉乳は、「外国産脱脂粉乳の使用を通じて子供たちが外国や外国産の食材に目を向け、外国を理解するきっかけになり、『学校における食育』の一つのテーマにもなると考えられます」。

8）食育基本法は自民・公明両党の議員提案であり、法案提出の背景及び経緯については、法案提出者代表小坂憲次（現文部科学大臣）のオフィシャルサイト内「食育基本法案に関する資料」が参考になる（URLアドレスは、http://www.kenjikosaka.com/pdf/00004.pdf）。

9）食品供給の各段階において相変わらず消費者の不安感は大きい。特に輸入農産物、輸入原材料等に対する不安は最も高くなっている。たとえば、『農業白書を読む』昭和堂、2005年9月、26〜27頁。

10）食育基本法は2004年第159回国会に与党6人（代表小坂憲次）の議員立法として提出されたが継続審議となった。2005年4月から質疑が再開され、4月15日衆議院内閣委員会で成立。同年6月9日参議院内閣委員会で可決、成立した。

11）両者のやりとりは次の通り。西川「もちろん個人の自由であるというのは基本です。しかし、社会のそういうさまざまないろいろな現象の中で、政府としてあるいは国会議員として、行政として、ある程度のきちんとした目安、方策、それの一つの環境整備ということに努めるのは当然の義務だと私たちは思っております。そういう中で一定の指針を示す、それは大事なことなのではないんでしょうか」。小宮山「環境整備といっても、これはやはり基本法という、私が最初に申し上げているように、基本法というものは重いものだ

と思っています。その中で、『国民の責務』として『生涯にわたり健全な食生活の実現に自ら努めるとともに、食育の推進に寄与するよう努めるものとする』と。これはやはり私は踏み込み過ぎで、余計なお世話という感じが大変いたします。」
12) たとえば、三浦展『下流社会』(光文社新書、2005年)では、「下流」(食うや食わずとは無縁の生活をしているが、「中流」に比べて何かが足りない層)の女性は、食生活にも関心が弱く、料理や食事が面倒と思い、朝食を食べなかったり、コンビニ弁当やカップ麺を食べがちで、添加物や栄養に関心が薄い、と指摘している。同書216〜218頁。また、佐野眞一は「ルポ下層社会」(『文藝春秋』2006年4月号)の中で、東京都足立区においては、朝食を食べる習慣のある子どもの学力が高いことを取材によって明らかにしている。同誌、97頁。
13) 足立己幸・衛藤久美前掲論文、33頁。
14) 同上、35頁。また、足立己幸「『栄養教諭』とはなにか なにが期待されているか」女子栄養大学栄養教諭研究会編『栄養教諭とはなにか』女子栄養大学出版部、2005年、31頁。
15) 同上、29頁。
16) 同上、29〜30頁。足立己幸・衛藤久美前掲論文、33頁。
17) 足立・衛藤同上、35頁。
18) 足立は「食料生産・海外からの輸入、加工、流通、そして調理というコース(各段階での選択)を経て食卓に届いた食物を人々は食事として食べ」その結果、「心身両面からの『生きる力』が形成される」と述べる。しかし、誰でも食事行為をするのであるから「生きる力」形成の説明にはなっていない。足立己幸「『食教育』と『ヘルスプロモーション』」川戸喜美枝『栄養教諭は何をすべきか』ぎょうせい、2005年、37〜38頁。
19) 島田彰夫は、網走や那覇で年平均気温が15度も異なる日本で、一つの栄養所要量に従って「給食を食べさせられる人々は気の毒」と指摘している。また、「食物の硬さ」など「従来の栄養指導で見落とされていたもののなかに、食育に重要な要素をもつものが少なくはない」と指摘する。島田彰夫「食育の動向と食育基本法」『農業と経済』昭和堂、2004年9月、13〜21頁参照。
20) 現在日本の食生活は、「多国籍型食生活」「アラカルト型食生活」などといわれているが、米食と魚介類を中心とした食事内容であることは、依然として特徴的である。そして、それをもたらしたものは、食生活主体の側が望んだり目指したのではなく、食料供給の結果つくりだされたパターンなのである。前出『Q&A早わかり食育基本法』では、この法律が食料自給率向上を直接の目的としたものではないとしながら、子どもの段階から健全な食生活を実践することができるよう施策を講じることで、「農山漁村が活性化され、国産農

水産物の消費の増進が図られ、わが国の食料自給率の向上に寄与することになるものと考えています」としている（同書21頁）。WTO体制下での輸入自由化、自給率低下傾向を、「食育」効果による消費変化をもって防ごうとする考えは、いわば「竹槍」による効果しかもたらさないのではないか。食育推進活動による自給率向上を安易に望むべきではない。（同書の編著は「食育基本法研究会」である。行政や政党関係者が執筆に携わったが、執筆内容に直接の責任が及ばないようにしている。）

Ⅱ　栄養教諭創設のねらいは何か

1．栄養教諭に関する疑問

　2004年5月、「学校教育法の一部を改正する法律」が成立し、栄養教諭制度がスタートした。2005年4月には、福井県10名、高知県5名、長崎県1名で栄養教諭が採用された[1]。

　栄養教諭制度は、食育基本法と違い、学校教育法の一部改正で実現したものである。栄養教諭創設までの経緯や議論過程に関する情報量もそれほど多くはなかった。とはいえ、学校栄養職員[2]が教壇に立つ法的環境が整ったことにより、学校給食を始めとする「食に関する指導」が注目されている[3]。

　栄養教諭の配置は地方自治体や設置者の判断によるとされるが、食育基本法が追い風となって、積極的に配置を検討する都道府県もあると推測される。しかしながら、ここで基本的な疑問が生じる。

　第一に、栄養教諭を制度化したねらいが、「食に関する指導」の強化や充実にあるのだろうかという疑問である。第二に、栄養教諭は「食に関する指導」に関して専門的な知識を有し、中心的な役割を担えるのかという疑問である。第三には、従来行われてきた家庭科等他教科との連携をどのように調整するかという疑問である。

　そこで本章では、栄養教諭制度の創設の背景には何があったのかを明らかにする。続いて、栄養教諭と従来の学校栄養職員の職務内容の比較を通して、何が栄養教諭に求められているのかを検討する。そして、栄養教諭を配置す

る際に関係者が考えるべき課題をまとめる。

2. 栄養教諭創設のねらい
——教諭になりたかった学校栄養職員——

『栄養教諭とはなにか』[4]で足立己幸は次のようにいう。「栄養教諭制度の創設は、長い間、学校栄養職員はもとより、多くの管理栄養士・栄養士たちが望んできました」[5]と。ところが、現場の栄養士たちは栄養教諭制度の創設を必ずしも望んでいないと、その4頁あとに、足立自らが述べる。「栄養職員の人々の中に、『これらについて今までも十分にやってきた』と答える人が少なくありません。(中略)『いまさら"栄養教諭"と言わなくても、従来通りにやればよいのですね』と、言われる方に何人もお目にかかっています」[6]と。多くの栄養士たちが栄養教諭の創設を望んできたといいながら、従来通りで十分だという栄養士たちが何人もいることを公言している。この矛盾はいったい何だろうか。

足立以外にも同様の発言をしている論者がいる。金田雅代(当時・文部科学省スポーツ・青少年局学校健康教育課学校給食調査官、2005年4月より女子栄養大学短期大学部教授)は月刊誌『学校給食』で以下のようにいう。

「今回の中央教育審議会『食に関する指導体制の整備について』の答申は、近年の社会環境の変化などに伴う食に関する健康問題が深刻になっていることから、国民的な課題となっている望ましい食習慣の確立のために、学校においては、食に関する指導の充実を図ることとし、栄養教諭制度を創設して、指導体制の整備を図ろうというものです」[7]。

つまり、金田は「近年、子どもの食生活の乱れも顕著になっており」、「今や国民的課題」となってしまった食の問題を解決するため「食に関する指導の充実」が必要で、このために栄養教諭を創設するのだという。

しかし、金田はこうもいう。「学校栄養職員にとって、栄養教諭になることは、一九六一年以来の悲願であり、実に四十四年間の長い道程であった。

Ⅱ 栄養教諭創設のねらいは何か

また、この『栄養教諭制度』は一九四七年の学校教育法制定以後、半世紀を経て新設された『教諭』であり、その意味でも歴史に残ることになる」[8]。

栄養教諭制度は、実は、学校栄養職員関係者の長年の願いであったのである[9]（傍点は筆者）。ではなぜ、学校栄養関係者は長年にわたって「教諭」になることを願っていたのだろうか。

学校栄養職員は、学校給食法第5条の3に「栄養士の免許を有する者で学校給食の実施に必要な知識又は経験を有するものでなければならない」と決められていた。だが、学校給食法の制定当初（1954年）から、学校栄養職員の職務が明確になっていたわけではない。文部省（当時）が、学校栄養職員の制度上の地位を明確にしたのは、1974年のことである[10]。それによって、学校栄養職員は国の定数計画に基づいて配置され、待遇改善が図られるようになった。しかしながら、同じ学校に勤めている教諭と比べて、その待遇は恵まれたものとはいえない一面があった。典型的に現れているのが給与面である。学校栄養職員と教諭の給与表は異なり、同年齢同学歴の両者を比較すると、学校栄養職員の方が低い実態が長く続いていた[11]。

栄養教諭制度成立時の2004年、国会においても同様の主張が述べられていた。議事録には、鈴木恒夫議員（自由民主党）が、1人の栄養士の名前を語っている。「田中信という女傑」がいて、彼女が述懐するに、「学校給食法ができたころ、学校栄養士なんというものは単純労務者扱い」で、「給食のおばさんと生徒から親しまれる割には恵まれない存在であった」。これを何としても「一般教諭並みに昇格させたいというのが、田中信さんを初めとする学校栄養士の方々の半世紀にわたる宿願であった」と鈴木はいう[12]。

このように、栄養教諭の創設は、全国の学校栄養職員を束ねるトップらが長年要望してきた事項だったのである[13]。近年の子どもに現れている食生活上の諸問題を解決していくために、栄養教諭の創設が必要になったと大義名分をかざしつつも、「先生」になることで栄養士の社会的地位を上げ、待遇改善を図ろうと企図していたのである。

もちろん、制度導入の強力な後押しになったのは、政治的動きのみならず、

栄養教諭を必要とする社会的な動きであった。3省合同で食生活指針が出され（2000年）、「健康日本21」が出来、「健康増進法」が制定され、国を挙げて食と健康問題に取り組もうという動きの中で栄養教諭制度は創設されたのである。導入の意義は決してゼロではない。問題は、宿痾を抱えてきた栄養士が、今後具体的にどんな役割を担うのかである。

3. 学校栄養職員と栄養教諭の職務内容の比較
　　　──補佐役から主役へ──

　1985年保健体育審議会の諮問を受けて、1986年3月に文部省体育局長「学校栄養職員の職務内容について」が通知された。この時から、学校栄養職員の職務内容として、学校給食に関する基本計画への参画、栄養管理、学校給食指導などの項目が明確になったのである（表Ⅱ－1）。
　一方、栄養教諭の職務内容はどうか。2004年1月に中央教育審議会から「食に関する指導体制の整備について」（答申）が出された。その「第2章　栄養教諭制度の創設　1　栄養教諭の職務」の記述を基に見ていこう。
　栄養教諭の仕事を大まかに整理すると、(1)食に関する指導、(2)学校給食の管理、(3)食に関する指導と学校給食の管理の一体的な展開の三つに分けられる。このうち、まず、(2)学校給食の管理について具体的な職務内容を見ていこう。それは次の表Ⅱ－2にまとめられる。
　従来の学校栄養職員の職務内容（表Ⅱ－1）と比較すると、【学校給食指導】、【調査研究等】の項目がなくなっており、それ以外はほぼ一致している。【学校給食指導】、【調査研究等】については「(1)食に関する指導」に移動した形になっている。
　学校栄養職員が従来実施してきた、【学校給食指導】における「参画」や「補佐」は、栄養教諭としては主体的に関わる職務内容に変わった。【調査研究等】は改めて記すまでもなく、指導をしていく上では当然のことなのだろうか。

Ⅱ 栄養教諭創設のねらいは何か

表Ⅱ-1 学校栄養職員の職務内容

【学校給食に関する基本計画への参画】
1. 学校給食に関する基本計画の策定に参画すること。
2. 学校給食の実施に関する組織に参画すること。

【栄養管理】
3. 学校給食における所要栄養量、食品構成表及び献立を作成すること。
4. 学校給食の調理、配食及び施設設備等に関し、指導、助言を行うこと。

【学校給食指導】
5. 望ましい食生活に関し、専門的立場から担任教諭等を補佐して、児童生徒に対して集団又は個別の指導を行うこと。
6. 学校給食を通じて、家庭及び地域との連携を推進するための各種事業の策定及び実施に参画すること。

【衛生管理】
7. 調理従事員の衛生、施設設備の衛生及び食品衛生の適正を期するため、日常の点検及び指導、助言を行うこと。

【検食等】
8. 学校給食の安全と食事内容の向上を期するため、検食の実施及び検査用保存食の管理を行うこと。

【物資管理】
9. 学校給食用物資の選定、購入、検収及び保管に参画すること。

【調査研究等】
10. 学校給食の食事内容及び児童生徒の食生活の改善に資するため、必要な調査研究を行うこと。
11. その他学校給食の栄養に関する専門的事項の処理に当たり、指導、助言又は協力すること。

資料：文部省体育局長からの通知、1986年3月13日付。

表Ⅱ-2 学校給食の管理に関する具体的な職務内容

① 学校給食に関する基本計画の策定への参画
② 学校給食における栄養量及び食品構成に配慮した献立の作成
③ 学校給食の調理、配食及び施設設備の使用方法等に関する指導・助言
④ 調理従事員の衛生、施設設備の衛生及び食品衛生の適正を期すための日常の点検及び指導
⑤ 学校給食の安全と食事内容の向上を期すための検食の実施及び検査用保存食の管理
⑥ 学校給食用物資の選定、購入及び保管への参画

資料：「食に関する指導体制の整備について」（答申）より作成。

つまり、栄養教諭は、担任教諭の「補佐」ではなく栄養教諭自らの主体性で個別指導を行い、各種事業の企画立案をしていくことが求められるようになったのである。

4. 栄養教諭の「食に関する指導」

次に、「食に関する指導」の特徴を見ていこう。

答申では、「栄養教諭は、教育に関する資質と栄養に関する専門性を併せ持つ職員として、学校給食を生きた教材として活用した効果的な指導を行うことが期待される」(傍点は筆者)。「このため、(1)食に関する指導と、(2)学校給食の管理を一体のものとしてその職務とすることが適当である」と述べる。

「食に関する指導」では、①児童生徒への個別的な相談指導、②児童生徒への教科・特別活動等における教育指導、③食に関する教育指導の連携・調整、の三点を挙げている。

①「児童生徒への個別的な相談指導」においては、(a)から(e)の想定される五つのケース（表Ⅱ－3参照）を挙げた上で、「これらの相談指導には、栄養学等の専門知識に基づいた対応が不可欠であり、学級担任や家庭だけでは十分な対応が困難な場合も多いと考えられるため、栄養の専門家である栄養教諭が中心となって取り組んでいく必要がある」(傍点は筆者)と述べる。

②は「児童生徒への教科・特別活動等における教育指導」である。「食に関する指導は、個別指導以外にも給食の時間や学級活動、教科指導等、学校教育全体の中で広く行われるものであり、その中で栄養教諭は、その専門性を生かして積極的に指導に参画していくことが期待される」。給食の時間は「生きた教材である学校給食を最大限に活用した指導を行うことができる」が、「全校一斉に取られるため、栄養教諭がすべての学級において十分な時間を取って指導を行うことは物理的に困難である。したがって、給食の時間や学級活動の時間における指導は、学級担任等と十分に連携することによって、継続性に配慮しつつ計画的に行うことが肝要である」という。「また、家庭科、技術・家庭科や体育科、保健体育科をはじめとして、関連する教科における食に関する領域や内容について、学級担任や教科担任と連携しつつ、

Ⅱ 栄養教諭創設のねらいは何か

表Ⅱ-3 児童生徒の食生活に係る問題の中で、個別的な相談指導が想定されるケース

(a)偏食傾向のある児童生徒に対し、偏食が及ぼす健康への影響や、無理なく苦手なものが食べられるような調理方法の工夫等について指導・助言すること
(b)瘦(そう)身願望の強い児童生徒に対し、ダイエットの健康への影響を理解させ、無理なダイエットをしないよう指導を行うこと
(c)肥満傾向のある児童生徒に対し、適度の運動とバランスのとれた栄養摂取の必要性について認識させ、肥満解消に向けた指導を行うこと
(d)食物アレルギーのある児童生徒に対し、原因物質を除いた学校給食の提供や、献立作成についての助言を行うこと
(e)運動部活動などでスポーツをする児童生徒に対し、必要なエネルギーや栄養素の摂取等について指導すること

資料:「食に関する指導体制の整備について」(答申)より作成。

栄養教諭がその専門性を生かした指導を行うことも重要である」。

このように、②では学級活動や関連する教科との連携を進めることを強調する。その背景には栄養教諭こそが食に関して深い理解をしているのだという前提がある。「栄養教諭がその高い専門性を生かして積極的に参画し、貢献していくことが重要である」(傍点は筆者)と締めくくっていることからも、それがうかがえる。

③は「食に関する教育指導の連携・調整」である。②の「児童生徒への教科・特別活動等における教育指導」との関連が強いが、③では「全体的な計画の策定において中心的な役割を果たすなど、連携・調整の要としての役割を果たしていくことが期待される」とする。たとえば、校務分掌で給食主任を担ったり、給食だより等を通じて啓発活動をしたり、食物アレルギーに対応した献立作成について保護者に助言したり、親子料理教室の開催、地域社会や関係機関が主催する行事への参画等において、栄養教諭がその専門性を発揮することを期待している。そして、「栄養教諭は、その専門性を生かして、食に関する教育のコーディネーターとしての役割を果たしていくことが期待される」で締めくくられる。

結局、栄養教諭の新たな仕事としての「食に関する指導」では、次のことが期待されていることが分かった。

一つは、多くの箇所で「専門性」という表現が使われ、「食に関する指導」は専門性の高い内容であることを強調している点である。
　二つは、痩身願望の強い子どもや肥満児、食物アレルギーの子ども等に対する個別対応を重視している点である[14]。
　三つは、「食に関する指導」において、その中心的役割を担うのは栄養教諭であり、連携・調整の要としての役割を栄養教諭に期待していることである。
　以上、栄養教諭制度への期待が大きいものであることが分かる。しかし、ここまで専門性を強調すると、従来の家庭科教育等との連携、調整が問題になってくるのではないか。

5. 家庭科教育との連携・調整

　日本家庭科教育学会は、中央教育審議会「食に関する指導体制の整備について」（答申）について、牧野カツコ学会長名で意見を公表した[15]。要約すると以下のようになる。
　「中央教育審議会は、子どもの食生活の乱れを直すべく、栄養教諭の創設を提言」しているが、「子どもの食生活の諸問題の解決は、まず、家庭科教育にあてる時間数を増やしその充実をはかることにある」と前置きし、4点にわたっての意見を述べる。①「仮に栄養教諭が創設されたとしても、栄養教諭はその専門性を発揮しつつも、食教育の指導における補完的な役割を担うことになる」こと、なぜならば、②「仮に栄養教諭が創設され食教育をするとしても、その時間は家庭科教育の時間よりもっと少ないことは明らか」で、「指導の効果をあげることは一層難しいと思われ」ること、③「子どもの生活全体を視野に入れた食生活の教育ですでに実績のある家庭科教育との連携を図ることが大切で」あること、④「行政における食教育に関係する部署が、ぜひ充分な意思疎通を図って食教育の推進にあた」ってほしいこと、である。

とりわけ、家庭科教諭を育成し、食に関する教育実績を自負する家庭科教育学会関係者にとっては、家庭科教育の限界を指摘されたような気になるのだろう[16]。

このように、日本家庭科教育学会は、担任も教科も持っていない栄養教諭は所詮「補完的な役割」に過ぎないのだと牽制している。また、食育に関する縦割り行政についても批判的である。家庭科教育を管轄する初等中等教育局、学校給食を管轄するスポーツ・青少年局、食育を推進したい農林水産省など関係する部署の連携が重要と指摘する。

ともあれ、小中学校において家庭科教諭は1名しかいない学校が多く、連携がうまくいけば、家庭科教諭にとっても栄養教諭にとっても相互に強力な応援者となることは間違いない。小さな範囲の縄張り争いよりも、相乗効果をもたらすことが望まれる。また、センター方式の学校給食を運営する自治体ではそもそも学校に栄養教諭が常駐するとは限らない。その意味では、家庭科教諭の役割は今後とも重要と考えられる。

ところで、家庭科教諭は栄養教諭にどのような役割を期待しているのだろうか。櫻井純子は、家庭科の授業の一部を栄養教諭が担当する場合、次のような具体例を挙げて栄養教諭の役割を説明する。

「授業の中では、あまり嗜好のことや色合い、盛り付けのことであるとか、調理をする時間であるとか、値段であるとか、特に旬であるとかいうことを入れる時間がありません。栄養教諭はそういったことに詳しいわけですから、そのことを含んで、栄養のことを中心に授業をしていただくとよいと思います。」[17]

いずれも重要な指摘ではあるが、果たして栄養教諭にその分野に詳しい資質を期待できるだろうか。このことについてはⅥで詳しく述べる。

6. 栄養教諭の配置に向けた課題

2005年夏には、各都道府県の管理栄養士養成系大学を中心に免許認定講習

が実施された。今後、栄養士・管理栄養士養成課程の修了者で栄養教諭の免許を同時に取得する人数は急速に増えるであろう。

栄養教諭免許を取得した人数が栄養教諭としてすぐに採用されるとは限らないにしても、栄養教諭による「食に関する指導」が本格的に取り組まれることになろう。

栄養教諭の配置の際に念頭に置くべき課題は次の三点に整理できる。

一つは栄養教諭の質に関する課題である。「栄養教諭は、(中略) 教育に関する資質と栄養に関する専門性を併せ有し、学校給食を生きた教材として活用した効果的な指導を行うことが期待される」(2004年1月9日中央教育審議会報告「栄養教諭の養成・免許制度の在り方について」)。栄養教諭は管理栄養士であることを前提[18]とし、高い専門性を売り物にしている。

しかし、栄養教諭としての専門性は何かを今後見極める必要があるだろう。と同時に、いったい管理栄養士免許保持者の専門性はどこにあるのかを確認しておく必要があるだろう。つまり、現在の管理栄養士養成教育はどの分野の専門性に力を入れており、栄養教諭を目指す者にとって、その専門性は有用なのかどうか。これらについては充分に吟味する必要がある。

二つめの課題は、学校栄養職員の職務内容との関連である。現在いる1万人の学校栄養職員がいっぺんに栄養教諭になるわけではない。栄養教諭の採用は、各地方自治体の財政状況を考えるとそう簡単に進むとは考えにくい。とはいえ、採用するとしても、次の二つの新たな問題が生じる場合があろう。

一つは学校栄養職員と栄養教諭が同じ職場にいるケースである。かたや学校栄養職員かたや栄養教諭と身分の異なる栄養士が勤務する場合、職務分担はそんなに単純に線が引けるものではない。ましてや、本人の意思等様々な要素がからみあって、栄養教諭になりたくてもなれない学校栄養職員が生じれば、給与面などの待遇差は歴然となり、労働意欲にも影響が出ることは容易に想像できる。栄養教諭こそが学校栄養職員の目指す道であるという動きが、学校栄養職員と栄養教諭の共存する職場に不協和音を生み出すことにもなろう。

二つめのケースは、学校栄養職員が一人しかいない学校あるいは給食センターで栄養教諭として採用されるケースである。その教諭には、従来の給食管理業務に加えて、「食に関する指導」業務が新たに加わる。定数増がなければ明らかに過重な職務内容である。個別的な相談指導は栄養教諭だからこそできるといいながらも、センター方式による学校給食現場の栄養教諭2～3名が何千人もの児童生徒を相手に個別指導ができるわけがない。こうした、従来の学校栄養職員が行ってきた「食に関する指導」や労働実態から、栄養教諭制度の課題をさらに検討する必要がある。これについては、Ⅳで述べる。

三つめの課題として、学校における栄養教諭の位置づけ、体制の問題がある。個別指導の重視を栄養士養成に関わる研究者らはいうが、担任も教科も持たない栄養教諭が果たして個別指導が可能なのか。個別指導を可能にするのは、学校内でのシステムをどう作るかが重要で、それには学校全体の「食に関する指導」の共通認識を得ることが重要であろう。それには学校組織のトップである学校長の食に関する認識の深さが大きく左右する。学校は栄養教諭中心で回ってはいない。子どもたちが給食の時間を待ち遠しいと思っても、給食を中心に学校生活があるわけではない。学校全体の教育の枠組みに、栄養教諭による「食に関する指導」を位置づけるには、学校長を始めとする他教科の教員らの食に関する理解もまた重要になってくる。

注)
1) 他の都道府県に先駆けて10名の栄養教諭を採用した福井県は、食育を県の重要課題としている。福井県の栄養教諭採用に至る経緯については、以下を参照。清水瑠美子「福井県にみる栄養教諭創設の過程」『食生活』社団法人全国地区衛生組織連合会、2005年10月号、20～25頁。福井県小浜市の事例は、「子どもたちの食を担う『栄養教諭』」『栄養と料理』女子栄養大学出版部、2006年4月号、157～161頁。
2) 学校栄養士とも呼ばれるが、本章では、2005年3月までの表記である学校給食法第5条の3の「学校栄養職員」を用いる。ただし、2005年4月1日から、栄養教諭免許の規定に伴い、「学校栄養職員」は、「学校給食栄養管理者」と表現が変わった。
3) たとえば、『日本農業新聞』(2005年4月22日付)の論説には以下の記事が載

った。「栄養教諭制度　食育推進の核にしよう」という見出しで「栄養教諭制度を食事指導にとどめることなく、学級担任や教科担任と連携することで、食べ物の背景にある農の営み・厳しさ、命の育（はぐく）み・大切さを体得する教育上の高い相乗効果を期待」するという内容である。
4）女子栄養大学栄養教諭研究会編『栄養教諭とはなにか　「食に関する指導」の実践』女子栄養大学出版部、2005年。この本は2004年12月に女子栄養大学において行われた集中開講の講義録を基に編集されたものである。講義目的は、2005年4月の栄養教諭採用を目指す、学校栄養職員の研修のためであった。緊急出版のせいか誤植が多いものの、栄養教諭創設の経緯についても語られており興味深い。第1講から10講までの講義録を9名の教授陣で執筆している。9名中7名が女子栄養大学の教授・助教授で、2名が小学校教諭（うち1名は校長）である。第1講は「「栄養教諭」とはなにか　なにが期待されているか」であり、栄養教諭創設の背景が理解できる。
5）足立己幸「『栄養教諭』とはなにか　なにが期待されているか」同上書、11頁。
6）同上、15～16頁。
7）「いま学校栄養職員に期待されるもの―「栄養教諭」創設に向けて―」『学校給食』全国学校給食協会、2004年4月号、31頁。
　　中央教育審議会答申「食に関する指導体制の整備について」の中で、食に関する指導の充実がなぜ必要かが書かれている（第1章　基本的な考え方　1食に関する指導の充実の必要性）。中央教育審議会答申「食に関する指導体制の整備について」の一文を次に記す。
　　「近年、食生活を取り巻く社会環境の変化などに伴い、偏った栄養摂取などの食生活の乱れや、肥満傾向の増大、過度の痩（そう）身などが見られるところであり、また、増大しつつある生活習慣病と食生活の関係も指摘されている。このように、望ましい食習慣の形成は、今や国民的課題となっているともいえる。特に、成長期にある児童生徒にとって、健全な食生活は健康な心身を育（はぐく）むために欠かせないものであると同時に、将来の食習慣の形成に大きな影響を及ぼすものであり、極めて重要である。」
8）金田雅代「栄養教諭制度―期待される家庭・社会の食環境変容―」『建帛社だより「土筆」』第82号、2005年9月。
9）金田は、栄養教諭制度を「学校栄養職員にとっては昭和36年以来の悲願」と以下でも述べている。金田雅代「栄養教諭制度の現状と課題」『臨床栄養』vol.108　No.3、医歯薬出版、2006年3月号、279頁。
10）1964年から、共同調理場の学校栄養職員配置に給与費補助が認められ、その2年後、1966年からは、単独校調理場の学校栄養職員配置にも、給与費が予算措置されるようになった。しかし、各市町村都道府県の財政力等の事情により、学校栄養職員の配置状況は著しく不均衡が生じていた。1974年に、学

Ⅱ 栄養教諭創設のねらいは何か

校栄養職員の定数標準が定められ、給与等の1／2を国が負担することになった。詳しくは以下を参照。坂本元子編著『栄養指導・栄養教育』第一出版、2001年、48～49頁。金田雅代編著『栄養教諭論―理論と実際―』建帛社、2005年、1～3頁。

11) 筆者は、栄養士と家庭科教諭の両方の養成課程をもつ大学教員の愚痴を聞いたことがある。その人は栄養士養成課程に属する教員である。「入学をするときは家庭科教諭養成課程の学生の方が偏差値が低いのに、同じ学校に勤めたら栄養士の方が教員に比べて給料が低い。本当におかしな事態でけしからん」。大学教員の視野の狭さを露呈する話であるが、学校栄養職員の社会的地位の低さをなげく話でもある。

12) 第159回国会文部科学委員会第12号議事録参照。田中信は、社団法人全国学校栄養士協議会名誉会長の肩書きをもつ人物である。社団法人全国学校栄養士協議会、略称「全学栄」は、1961年に設立された。2004年度の会員数は9,836名である。

13) 栄養教諭を全校に配置すべきだという意見もあった（詳細は第159回国会文部科学委員会第13号議事録を参照）。栄養教諭創設を積極的に推し進めた団体・組織は、日本私立短期大学協会、全国栄養士養成施設協会、日本栄養士会など栄養士養成に関する団体・組織である。

しかし、学校給食自体が義務づけられていない現状であり、地方財政事情を考慮すると、栄養教諭必置の提案はかえって制度の実現の阻害になると判断された。大きな予算措置を必要としない範囲で動かし始めて、そこでの実績から配置が増えていくことを栄養教諭の創設を切望する人々は期待している。浅見俊雄「これからの学校の食の指導者に望むこと―栄養教諭制度の創設にあたって―」『栄養日本』第46巻12号、社団法人日本栄養士会、2003年、6頁。

14) 第159回国会文部科学委員会（2004年4月20日）において、公明党の富田茂之委員の質問に対する香川参考人（香川芳子女子栄養大学学長）の答弁はそれをよく示している。富田委員は、愛媛県今治市の学校給食を事例に、従来の学校栄養職員がやってきたことを、わざわざ栄養教諭という資格を作ってやる必要が本当にあるのか、と疑問を発している。それに対して香川は「家庭科の先生でもできるとおっしゃる方もいらっしゃるが、肥満児が非常に増え生活習慣病の苗床みたいになっていること、摂食異常、アトピーなどアレルギーの子供が増えていることに対して、個人指導が必要で、これはちょっと家庭科教員ではできない。栄養教諭には個人指導を依頼できる」と発言している。詳細は第159回国会文部科学委員会第13号議事録。

15) 牧野カツコ学会長名で公表した意見は以下の通りである。
中央教育審議会中間報告「食に関する指導体制の整備について」に対する意見

この度、中央教育審議会は、子どもの食生活の乱れを学校教育で直すべく、栄養教諭の創設を提言とする中間報告をまとめられましたが、子どもの食生活の諸問題の解決は、まず、家庭科教育にあてる時間数を増やしその充実をはかることにあると考えます。
　1．日本家庭科教育学会は、大学の家庭科教育の研究者と小中高等学校家庭科教諭などによって組織される学会です。本学会は子どもに関する食教育の重要性を充分認識し、食教育に関する研究と実践をこれまで蓄積してきております。食教育が充分な効果をあげるためには、①学校と家庭の連携、②学校内の食教育に関する部署の連携が重要です。①について、子どもの家庭の実態を一番把握しているのは学級担任です。②について、これまで食教育を担ってきた教科は、家庭科や保健であり、教科としての時間が設定されています。食教育を実際に行うには給食の時間だけでなく具体的な場所と時間が必要ですから、学級担任やこれらの教科を担当する教諭の理解と連携なしに食教育を進めることはできません。従って仮に栄養教諭が創設されたとしても、栄養教諭はその専門性を発揮しつつも、食教育の指導における補完的な役割を担うことになると考えます。
　2．食教育は学校の教育課程の中に家庭科教育の一部として確固として位置づいています。それは学習指導要領に明記され、戦後1947年からこれまでの約50年余一貫していることです。1998年改訂の学習指導要領小学校家庭、中学校家庭にも学習項目としてしっかりと位置づけられ、その内容も充実しています。もし、家庭科教育における食教育が効果をあげていないと判断されたのであれば、その原因は、家庭科に割り当てられている時間数が著しく少ないことにあります。解決しなければならないのはその点です。仮に栄養教諭が創設され食教育をするとしても、その時間は家庭科教育の時間よりもっと少ないことは明らかですから、指導の効果をあげることは一層難しいと思われます。
　3．仮に栄養教諭が創設された場合、栄養教諭の役割は、「学校給食を中心とした食教育」や「個別指導を要する児童・生徒及びその家庭への教育・指導」に独自性があると思われます。教科における食教育との棲み分けが必要です。その上で教科を中心とした指導との連携になると考えます。とりわけ、子どもの生活全体を視野に入れた食生活の教育ですでに実績のある家庭科教育との連携を図ることが大切です。
　4．文部科学省内における食教育に関する部署には、初等中等教育局とスポーツ青少年局があります。スポーツ青少年局からは、家庭科の教科書の食に関する部分の内容と類似した小冊子が全国の小・中学生に配布されたりしています。また農林水産省も食農教育にとりくんでいます。行政における食教育に関係する部署が、ぜひ充分な意思疎通を図って食教育の推

進にあたりますよう、切にお願いするものです。
16) 桑畑美沙子は「子どもたちの食育を家庭科に任せておけないといわれたかのように思えて、家庭科教育に携わっている者としては寂寥の念を禁じ得ません」と述べている。「家庭科教育にみる子どもたちへの食育のためのアイデアとキーワード」『食生活』社団法人全国地区衛生組織連合会、2005年5月号、31頁。
17) 櫻井純子「教科等と『食に関する指導』(2)家庭科、技術・家庭科」女子栄養大学栄養教諭研究会編『栄養教諭とはなにか「食に関する指導」の実践』女子栄養大学出版部、2005年、98頁。
18) 管理栄養士の資格がなくても栄養士免許があれば、栄養教諭免許の取得要件は満たしているが二種免許状である。

Ⅲ 学校給食の献立はどう変化したか

1. 月刊誌『学校給食』掲載の献立分析

　日本の学校給食は、第二次世界大戦後、半世紀以上にわたり実施され、今や国民の大多数が学校給食を経験することとなった。国民一人ひとりが体験した学校給食の献立内容は、学校により、地域により、また運営形態により異なるものの、その時代の食料事情を反映したものとなっている。学校給食は、単に小中学校時代の昼食の意味だけではなく、成長後の食生活習慣に影響を及ぼす食事としてもとらえられる。

　本章では、学校給食に使用された食材料と献立の変化を歴史的に追いつつ、それぞれの時代の食料・食生活事情が学校給食にどのように反映してきたかを整理することで、今後の学校給食の課題を明らかにするものである。

　学校給食に用いられる食材料と献立内容に関するものとして、1956年4月に創刊された月刊誌『学校給食』[1]（日本給食技術協会・創刊当時）の記事を主な資料とした。その理由は、①学校給食法が制定された直後から、継続して発行されている専門誌であり、時代の変化が読み取れること、②学校給食関係者を主たる読者に持ち、学校給食現場への影響が強いと考えられること、③実際に作られた献立が常時掲載されていること、④献立表の冒頭部分に執筆担当者のコメントが書かれており、献立作成にあたっての留意点やそのねらいが分かること、等である。

　以下、『学校給食』の巻末に掲載されている献立紹介記事を素材にして、

1960年度から10年ごとに区切り、食材料と献立内容の変化について分析する。まず、主食、主菜、副菜、デザート別に献立内容を区分し、それらの内容変化について整理する。次いで、主食、主菜、副菜等の組み合わせ、強化食品等の使用の変化について見る。さらに、献立作成にあたっての留意点がどう変化してきたか、その特徴を整理する。

なお、献立紹介記事は、1960年度は「献立ヒント集」、1970、80、90、2000年度については「今月の献立研究」と題し、巻末に掲載されたものである。掲載献立数は、1960年度は224、1970年度は77（8月号は夏季施設の献立内容が掲載されており、分析から除外した）、1980、90、2000年度はそれぞれ84であった。執筆担当者は、各都道府県あるいは市町村教育委員会、小中学校、共同調理場に勤務する学校栄養職員等である[2]。

2. 主食の変化

主食とは、「食事を構成する料理の中で中心的位置を占め、かつ穀物を主材料とする料理」[3]である。まず、主食別献立数の変化（図Ⅲ-1）について見ていこう。

1960年度に掲載されている献立の主食は、パン食が100%である。パンの種類も揚げパンが2回掲載されているのみである。ところが、1970年度になるとソフトめんが登場し、パン食は96.1%の掲載割合となり、パンの種類も豊富になっていく。1980年度には、1976年に開始した米飯給食の定着が進み、パン食は34.5%、ご飯類は61.9%と逆転する。パン食の割合は減少しているが、パンの種類も、10年前と比較してより豊富になっている。1990年度、2000年度も、パン食の比重が小さくなり、ご飯類、めん類の献立割合が増えている。

年度毎にパンの種類を整理したものが、表Ⅲ-1である。1960年度のパンは、ほとんどが「パン」という表記のみである。1970年度になると食パンが増え、コッペパン、バターロール、ブドウパン、ロールパン等と種類も増え

図Ⅲ-1 主食別献立数の構成比変化

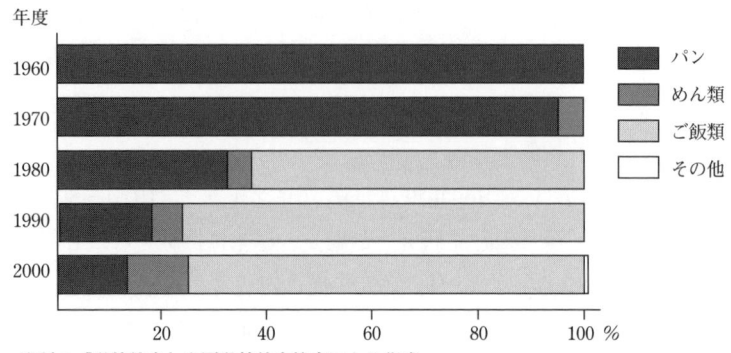

資料:『学校給食』全国学校給食協会により作成。

表Ⅲ-1 パンの種類

1960年度	パン(222) 揚げパン(2)
1970年度	パン(26) 食パン(18) コッペパン(7) バターロール(6) ブドウパン(4) ロールパン(4) 黒パン(3) きなこパン(2) 揚げパン(1) 2個取りパン(1) 黒食パン(1) ドックパン(1)
1980年度	食パン(7) パン(6) コッペパン(2) ホットドッグ(2) ショートニングパン(1) 丸パン(1) スィートロール(1) 黒パン(1) チーズパン(1) ハンバーガー(1) カスタードサンド(1) 2個取りロール(1) バターロール(1) スライスパン(1) レーズンパン(1) ミルクロール(1)
1990年度	パン(5) レーズンパン(2) コッペパン(1) 食パン(1) たまごパン(1) ソフトフランスパン(1) フレンチトースト(1) セルフドッグ(1) ツイストパン(1) バターロールパン(1) ピザトースト(1)
2000年度	パン(2) 食パン(2) コッペパン(2) エビチリバーガーサンド(1) ピーナツバンズ(1) 黒糖パン(1) ごまパン(1) 小さいパン(1) ココア揚げパン(1)

資料:『学校給食』全国学校給食協会による。
注:( )内数字は掲載された回数。

る。「2個取りパン」、「2個取りロール」とは、小さめのパンを一人2個ずつ取れるもので、この名称がついた[4]。1980年度になると、パンの種類はさらに増え、ホットドッグ、ハンバーガー、カスタードサンドといった、中におかずやクリーム類を挟んで食べるパン食が加わった。トーストにしていないパンは食べづらいため、サンドイッチスタイルに加工したり、変化のあるパンを出す工夫をしていた。1990年度は米飯給食の定着に連動してパン食の掲載割合が低くなっているが、ソフトフランスパン、ツイストパン、ピザトースト等目新しいパンが紹介されている。2000年度も同傾向にある。2000年

Ⅲ　学校給食の献立はどう変化したか

表Ⅲ-2　ご飯類の種類

1980年度	ご飯(33)　ドライカレー(2)　バターライス(2)　エビピラフ(2)　牛丼(2)　五目おこわ(1)　とうもろこしごはん(1)　麦ごはん(1)　山菜ごはん(1)　赤飯(1)　小魚入りまぜごはん(1)　変わりずし(1)　菜めし(1)　わかめやきめし(1)　洋風ちらしずし(1)　さけごはん(1)
1990年度	ご飯(14)　麦ご飯(6)　梅ご飯(3)　豆飯(2)　手巻きずし(2)　サケ寿司(2)　たからの山ご飯(1)　笹寿司(1)　ゆかりご飯(1)　三色そぼろご飯(1)　オレンジピラフ(1)　たけのこご飯(1)　ピースご飯(1)　しめじご飯(1)　四色ワカメご飯(1)　八宝どんぶり風(1)　青菜ご飯(1)　ドライカレー(1)　ヒジキご飯(1)　ビビンバ(1)　イワシずし(1)　シジミずし(1)　かやくご飯(1)　シーフードピラフ(1)　三色ご飯(1)　のりご飯(1)　ヘルシーずし(1)　しそご飯(1)　チャーハン(1)　元気丼(1)　いもご飯(1)　きのこご飯(1)　チキンライス(1)　きのこと牛肉のばらずし(1)　菜飯(1)　天丼(1)　牛肉ずし(1)　アサリご飯(1)　カレーピラフ(1)　かきまぜずし(1)　ハヤシライス(1)　いりこめし(1)
2000年度	ご飯(22)　麦飯(8)　ワカメご飯(2)　豆ご飯(2)　しそご飯(2)　豆茶んライス(1)　桜ご飯(1)　新茶のふりかけご飯(1)　中華ちまき(1)　たけのこご飯(1)　枝豆ご飯(1)　アスパラご飯(1)　ビビンバ(1)　キムチご飯(1)　タコご飯(1)　カレーピラフ(1)　芋ご飯(1)　飾りずし(1)　岡山ずし(1)　きのこごはん(1)　さつまいもご飯(1)　ドライカレー(1)　山路飯(1)　栗ごはん(1)　吹きよせごはん(1)　中華おこわ(1)　ヒジキ入り混ぜご飯(1)　すだち入りかみかみカレーライス(1)　枝豆シラスご飯(1)　豆じゃ飯(1)　節分ご飯(1)　くちなしご飯(1)　きびごはん(1)

資料：表Ⅲ-1に同じ。
注：1）(　)内数字は掲載された回数。
　　2）「ご飯」は白飯を示す。
　　3）表記は掲載時のものに従った。

度の献立では、「小さいパンと和風スパゲティ」「食パンとラザニア」という、パンとめん類の2種類の主食を組み合わせた献立も紹介されている。このように、菓子パンの類も含めてパンの種類が増加し、しかも、めん類との組み合わせにより2種類の主食がある献立も見られるようになった。

　次に、ご飯類の種類について1980年度以降を見たものが表Ⅲ-2である。1980年度には、単なるご飯、つまり白飯が52献立中33献立（63.5％）であったが、1990年度には、65献立中14献立（21.5％）と少なくなっている。2000年度は、白飯は65献立中22献立（33.8％）であった。白飯割合が少ないということは、味つけご飯類の献立内容が豊富になったことを示している。その内容について見ていこう。1980年度は、ドライカレー、バターライス、エビピラフ、洋風ちらしずしなどの「洋食的」ご飯類が見られる。1990年度については、ゆかりや青菜を混ぜる混ぜご飯類、笹寿司、イワシずし、シジミずし、手巻きずしなどの寿司類、各種ピラフやドライカレーなど多種類の味つ

けご飯が紹介されている。牛肉を寿司に取り入れるなど独創的な食材料の組み合わせがあったり、「たからの山ご飯」、「ヘルシーずし」、「元気丼」などのユニークな名前の献立も見られる。2000年度の献立については、春には「桜ご飯」、初夏には「新茶のふりかけご飯」、「たけのこご飯」、秋には「きのこごはん」、「栗ごはん」、二月には「節分ご飯」というように、季節を意識したご飯類が見られる。また、中華ちまき、中華おこわ、ビビンバ、キムチご飯などの外国料理も加わっている。

このように、ご飯の種類はパンの種類以上にその豊富さを示している。しかしながら、「ワカメご飯の素」や「サケワカメ」など既製の加工食品を混ぜるだけのご飯類であったり、白飯の場合には、ふりかけや味つけのりのつく献立が見られる。味つけご飯は献立内容を多様にするが、味つけご飯でなければ食べられないという子どもたちの嗜好の助長につながらないかと懸念される。加えて、ご飯類の味つけによって、作る側が他の料理（主菜や副菜）を手抜きする場合もあり得る[5]。

主食がパン食からご飯類へと変化し、パン食、ご飯類の内容がそれぞれ多様化するにつれて、主菜、副菜内容や献立の組み合わせにも変化が生じている。これらについては後述する。

3．主菜料理、副菜料理の変化

(1) 主菜料理の変化

主菜料理とは、「食事を構成する料理の中で、中心的な位置を占め、かつ、卵、魚、肉、大豆などを主材料とする料理」[6]である。そこで、これらタンパク源を主材料にしたものを掲載献立から抽出し、その特徴について整理した。抽出の基準は、主食と汁物は除き、タンパク源が50g[7]以上使われているものとした。

表Ⅲ-3に見るように、50g以上のタンパク源が用いられた主菜料理は、1960年度については224献立中31献立（13.8％）に過ぎなかったが、1970年

Ⅲ　学校給食の献立はどう変化したか

表Ⅲ-3　主材料別主菜料理数

	1960年度	1970年度	1980年度	1990年度	2000年度
掲載献立数	224(100)	77(100)	84(100)	84(100)	84(100)
うち全主菜料理数	31(13.8)	37(48.1)	37(44.0)	28(33.3)	36(42.9)
	(100.0)	(100.0)	(100.0)	(100.0)	(100.0)
肉類及びその加工品	9(29.0)	20(54.1)	17(45.9)	7(25.0)	17(47.2)
魚介類及びその加工品	21(67.7)	15(40.5)	18(48.6)	20(71.4)	21(58.3)
卵類及びその加工品・乳製品	1(3.2)	8(21.6)	11(29.7)	3(10.7)	2(5.6)

資料：表Ⅲ-1に同じ。
注：（　）内は比率を示した。但し、「洋風卵焼き」、「ハムエッグ」、「豚肉チーズ巻き」のように複数の主材料を用いている料理があるため、比率の合計は100を超える。

度になると77献立中37献立（48.1％）に増加する。1980年度は84献立中37献立（44.0％）に、1990年度は84献立中28献立（33.3％）に、2000年度は84献立中36献立（42.9％）に主菜料理が見られる。1960から1970年度は主菜料理の割合が増加したのに対して、1980から2000年度は3～4割程度で大きな増減は見られない。これは、前節で見た主食の変化との関連が大きい。1990年度、2000年度は、寿司類や味つけご飯、カレーライス等の主食に魚肉類が用いられた結果、50g以上のタンパク源を用いた主菜料理が減少しているのである。

　タンパク源と献立内容との関連について詳しく見てみよう。1960年度は、もっぱらパンとミルクと「もう一品」だけの献立内容であり、しかも「もう一品」に魚・肉・卵などのタンパク源を多くは使用せず、「牛肉5g」「豚肉5g」などの少量のタンパク源を味つけ程度に用いたり、使ったとしても20～40gのタンパク源を使用した献立が半数以上を占めていた。表Ⅲ-3、表Ⅲ-4に見るように、50g以上使われた主なタンパク源は、その約7割が魚介類及びその加工品で、残り約3割が鯨肉であった。魚介類及びその加工品では、さば、さんま、いか、ちくわが多く利用されていた（表Ⅲ-5）。つまり、貴重なタンパク源として安価な食材料がよく使用されていたのであった。

　鯨肉の献立は、胡麻まぶし、大和煮、ソテー、オランダ揚げ、みそ煮、しぐれ煮、酢鯨、ハヤシシチューなど、煮たり、焼いたり、揚げたり、和えた

表Ⅲ-4 主菜料理に用いられる肉類（50g以上）

	1960年度	1970年度	1980年度	1990年度	2000年度
鯨肉	9	5	2	0	0
豚肉	0	1	3	1	7
鶏肉	0	6	6	3	7
牛肉	0	0	0	1	0
レバー	0	0	2	1	2
加工品	0	8	4	1	1
計	9	20	17	7	17

資料：表Ⅲ-1に同じ。
注：1）数字は掲載された回数。
　　2）加工品は、フランクフルトソーセージ、ウィンナー、ハム、ハンバーグの類である。

表Ⅲ-5 主菜料理に用いられる魚介類（50g以上）

年度	主菜料理に用いられる魚介類（50g以上）	合計
1960年度	さば(6)　さんま(5)　いか(3)　ちくわ(2)　さつま揚げ(1)　魚のすり身(1)　まぐろ(1)　たら(1)　あじ(1)	21
1970年度	ちくわ(3)　メルルーサ(2)　白身魚(2)　さけ(1)　まぐろ(1)　あじ(1)　油漬いわし(1)　さんま(1)　タラフィレ(1)　揚げボール(1)　たら(1)	15
1980年度	まぐろ(3)　さば(3)　あじ(2)　魚の切り身(1)　いわしのすり身(1)　ます(1)　たらの天ぷら(1)　さわら(1)　銀だら(1)　さけ(1)　ちくわ(1)　白半ペン(1)　まぐろたつたあげ(1)	18
1990年度	イワシ(3)　アジ(3)　すり身(2)　サンマ(1)　まぐろ(1)　メルルーサ(1)　タラ(1)　ニジマス(1)　サワラ(1)　ホキ(1)　サケ(1)　えび(1)　さば(1)　カワハギフライ(1)　メカジキ(1)	20
2000年度	あじ(4)　さんま(2)　いか(2)　キス(1)　カツオ(1)　あなご(1)　サバ(1)　まぐろ(1)　ホキ(1)　サワラ(1)　いわし(1)　さけ(1)　メルルーサ(1)　ぶり(1)　ニジマス(1)　イワシのチーズフライ(1)	21

資料：表Ⅲ-1に同じ。
注：1）（　）内数字は掲載された回数。
　　2）年度によって異なる表記をしているものがあるが、掲載時の表記に従った。

りと様々な料理法によるものが紹介されている。いかは、照煮、炒め煮、甘辛煮等の煮る料理が多く、ちくわは、紅葉揚げ、照煮等の揚げたり、煮たりの料理となっている。

　1970年度になると、魚介類及びその加工品を用いた主菜料理よりも肉類及びその加工品を用いた料理の掲載数が多くなる（表Ⅲ-3）。肉の種類も鯨肉が減少し、代わって鶏肉、フランクフルトソーセージ等加工品の使用が増えた（表Ⅲ-4）。また、魚介類はちくわなどの魚肉練り製品が依然として多いが、タラフィレ、メルルーサなど冷凍食品の利用も増えていく（表Ⅲ-5）。さらに、「洋風卵やき」（ハム、牛乳を使用）、「洋風炒り卵」（脱脂粉乳、

ピーマン、トマト、チーズを使用)、「洋風おでん」(玉ねぎ、キャベツを使用、コンソメの素で味つけしている)など「洋風」と名づけ、パンに合う主菜料理が意識されている。

1980年度は、鶏肉、豚肉に加え、50gには満たないが牛肉も使用され始め、スクールハンバーグ、オムレツなどの調理済み加工食品の利用も見られるようになった。魚介類の使用回数が10年前に比べてやや増えているのは、米飯回数増加の反映と考えられる。また、献立名として特徴的なことは、「焼きとり風」「まぐろのノルウェー風」「中華風そぼろ」などといった○○風と名づけられた献立が見られることである。本来ならば牛肉を使わなければならないところを経済的理由で豚肉にしたり、設備上の制約のため料理法の変更があったりした等の理由から、正式名をつけられずに、やむを得ず○○風となってしまうことがあった[8]。

1990年度は、表Ⅲ－3に見るように、魚介類及びその加工品の料理数が20で、肉類及びその加工品7の約3倍近く掲載されている。鯨肉は用いられなくなった(表Ⅲ－4)。また、イワシ・アジのすり身、まぐろの水煮などの缶詰、カワハギフライなど各種加工食品の使用が目立つ(表Ⅲ－5)。

2000年度は、肉類及びその加工品が若干少ないが、魚介類及びその加工品とほぼ同程度に掲載されている(表Ⅲ－3)。なお、表には示していないが『学校給食』では、阿波尾鶏、あなご、ニジマス、ままかりといった地域的特徴のある食材料が使われるようになってきている。地域の特産物を利用し、郷土料理を献立に取り入れようとする傾向が影響しているからと考えられる。

(2) 副菜料理の変化

副菜料理とは、「食事を構成する料理の中で、主食料理や主菜料理を補強するうえで中心的な位置を占め、かつ野菜などを主材料とする料理」[9]である。主菜に副えられるおかずという意味合いが強い。

まず、全献立数のうち副菜料理が入っている献立数を見ていく。1960年度

表Ⅲ-6　副菜料理の変化

1960年度(55)	1970年度(44)	1980年度(48)	1990年度(72)	2000年度(77)
せんキャベツ(10)	サラダ類(10)	サラダ類(14)	サラダ類(16)	ボイル野菜(8)
酢の物(9)	せんキャベツ(5)	せんキャベツ(5)	せんキャベツ(5)	サラダ類(7)
サラダ類(8)	生野菜(5)	ごまあえ(5)	酢の物(5)	ごまあえ(6)
おひたし(4)	ポテトからあげ(3)	おひたし(5)	生野菜(3)	おひたし(6)
ごまあえ(3)	ボイル野菜(2)	生野菜(4)	おひたし(3)	酢の物(3)
からし和え(3)	野菜ソテー(2)	酢の物(2)	白あえ(3)	れんこんのきんぴら(2)
煮豆類(3)	粉ふきいも(2)	のりあえ(2)	きんぴらごぼう(2)	きんぴらごぼう(2)
マッシュポテト(3)	グリーンポテト(2)	ミモザあえ(2)	ボイル野菜(2)	ピーナツあえ(2)
野菜ソテー(2)	その他(13)	その他(9)	その他(33)	その他(39)
その他(10)				

資料：表Ⅲ-1に同じ。
注：1）（　）内数字は掲載された回数
　　2）「ごま酢あえ」「甘酢」など酢を用いたものは「酢の物」に分類した。

は24.8％（224献立中55献立に副菜料理が入っている）、1970年度は57.1％（77献立中44献立）、1980年度は57.1％（84献立中48献立）、1990年度は85.7％（84献立中72献立）、2000年度は91.7％（84献立中77献立）と、年々その割合は増加している。1960年度には、4回に1度の割合で副菜のつく献立内容であったが、2000年度ではほぼ毎回の給食に副菜がつき、品数が多いという点においては「豊かな」給食になっていることがうかがえる。

　副菜料理の変化について表Ⅲ-6に示した。1960年度は、せんキャベツ、サラダ類など主菜料理のつけあわせとしての副菜が多い。また、主食がパンの時代ではあるものの、酢の物、おひたし、ごまあえ、からし和え、煮豆類などご飯に合う副菜が掲載されている。

　1970年度になると、副菜料理の上位はサラダ類、せんキャベツ、生野菜である。ポテトからあげ、粉ふきいもなどじゃがいものつけあわせも見られる。パンと牛乳に合うおかずを意識しているせいか、10年前には見られた、いわゆる和食の代表的副菜である酢の物やおひたしは姿を消した。また「洋風きんぴら」（粉チーズで味をつけたじゃがいものきんぴら）、「うずら豆の洋風煮」（ケチャップやソースで味つけしたもの）等、「洋風」にアレンジした副菜が見られる。

　1980年度に掲載されている副菜料理は、サラダ類が上位にあるが、その内

容は、単なるサラダだけでなく、フレンチサラダ、トマトサラダ、ゼリーサラダ、中華風サラダ、海草サラダ、グリーンサラダ、ほうれん草サラダ、ツナサラダと多様な内容になっている。米飯給食の影響もあり、ごまあえ、おひたし、酢の物等のおかずも復活している。

1990年度の特徴は、「サラダ類・せんキャベツ」が副菜料理として上位を占める傾向は10年前と比較して変わらない。しかし、「その他（33）」に見られるように、非常に多くの地域色のある副菜料理が掲載されている。たとえば、「しょうゆ豆」（讃岐地方の代表的郷土食）、「七日だきごぼう」（石川県七尾市の郷土料理）、「家康なます」（愛知県）等地元産の食材料を用い、その地域に伝わる料理が給食に出されている。

2000年度になると、1996年に発生したO-157食中毒事件の影響で生野菜類がほとんど見られない。サラダ類の料理内容もポテトサラダ、海草サラダ、マカロニサラダ、しめじとベーコンのサラダ、ブロッコリーサラダと加熱調理したものになる。ごまあえ、おひたし、きんぴら類など白飯に合うおかずも見られる。さらに、分類の難しい「その他（39）」の副菜料理が多く、多様な副菜が提供されていると見ることができよう。

4. 果物・デザート類の変化

学校給食で出される果物・デザート類は、栄養確保という観点よりも食事の楽しみとしての役割を持っている。しかしながら、献立全体からは重要な位置を占めると考えられるので、それらの変化について見ていく。

1960年度は、224献立中14献立に果物等のデザート類が含まれている。この時代の果物・デザート類は大変貴重でぜいたくなものであり、学校給食ではパンとミルクとおかずが精一杯で果物やデザートにまで手が回らないのが現状であった。わずかながら紹介されているものとして、りんごや夏みかん等を切ったもの、ココアきんとん、大学芋、さつまいもとりんごの重ね煮のように、さつまいもを主体とした甘いおかず的なデザート類が挙げられる。

表Ⅲ-7 果物・デザート類の変化

	掲載献立数	果物・デザート類のある献立数	果物のみ	果物主体のデザート類	乳製品主体のデザート類	さつまいも主体のデザート類	その他
1960年度	224	14	6	1	0	5	2
	(100)	(6.3)(100.0)	(42.9)	(7.1)	(0.0)	(35.7)	(14.3)
1970年度	77	49	40	7	1	1	0
	(100)	(63.6)(100.0)	(81.6)	(14.3)	(2.0)	(2.0)	(0.0)
1980年度	84	59	43	7	6	0	3
	(100)	(70.2)(100.0)	(72.9)	(11.9)	(10.2)	(0.0)	(5.0)
1990年度	84	57	36	15	5	0	1
	(100)	(67.9)(100.0)	(63.2)	(26.3)	(8.8)	(0.0)	(1.7)
2000年度	84	50	36	7	2	1	4
	(100)	(59.5)(100.0)	(72.0)	(14.0)	(4.0)	(2.0)	(8.0)

資料：表Ⅲ-1に同じ。
注：1) （ ）内数字は比率である。ただし、果物・デザート類のある献立数の欄は、左に掲載献立数に占める割合を示した。
　　2) その他は、「マカロニのあべ川」「お茶の蒸しパン」「カロチンゼリー」「抹茶ゼリー」など、小麦粉やゼリー等を用いたものである。

大豆を空揚げして砂糖でまぶした「さとう豆」も紹介され、手近にある食材料を用いて甘いものを献立に取り入れる苦労が見える。

　1970年度は、77献立中49献立、約64％の献立に果物・デザート類がつくという、10年間での大きな変化が見られる。その内容のほとんどがりんごや柑橘類などの果物であるが、ゼリーやプリンなどのデザート類も見られる。文部省（当時）の「果物は毎日つける」という指示[10]が拍車をかけることにつながったと見てよいだろう。

　1980年度は、84献立中59献立、約70％の献立に果物・デザート類がついている。学校給食に何らかの果物やデザート類がついている献立が定着したといってよい。表Ⅲ-7のように、デザート類には果物主体のものが多いが、チーズやヨーグルトなどの乳製品を用いたデザート類も掲載されている。

　1990年度は、84献立中57献立、約68％の献立に果物やデザート類がつき、10年前の傾向とほぼ同じであるが、果物のみは減少し、果物主体のデザート類の割合が増加している。

　2000年度になると、84献立中50献立、約60％の献立に果物やデザート類がついている。果物・デザート類が毎食つかなくても、献立内容自体が満たされてきたと同時に、日常の食生活に果物やデザート類が浸透し、あえて給食

で提供しなくてもよい食生活事情となってきたとも考えられる。

5. 主食、主菜、副菜等の組み合わせの変化

各献立の料理別、食材料別に学校給食の変化について概観したが、その時代を代表する献立3事例を取り上げ（表Ⅲ－8）、献立を構成する各料理の組み合わせの特徴について検討しておきたい。

1960年度は、「パン・ミルク・酢鯨」というようにパンとミルクとおかず一品という組み合わせが多い。副菜がある場合、せんキャベツなどのつけあわせ程度となっている献立が典型的である。1970年度になると、主食はパンが中心であるものの、そのパンの種類が増える。脱脂粉乳のミルクから牛乳に代わり、副菜料理、果物などのデザート類が加わった献立内容になってきている。主菜、副菜料理共に、パンに合うおかずが意識され、「洋風」の味つけ、「洋風」の食材料の使用が見られる。1980年度以降、主食がご飯類の時にはすまし汁、みそ汁などの汁物が加わる。果物・デザート類の種類もまた多様になっている。1990年度以降になると、さらに主食や主菜が変化に富

表Ⅲ－8 代表的な献立事例

1960年度	パン・ミルク・三色揚げ きゃべつ　　　　　（4月号）	パン・ミルク・カレーサラダ 　　　　　　　　　　　（7月号）	パン・ミルク・酢鯨 　　　　　　　　（1月号）
1970年度	パン・牛乳 魚のフリッター 野菜サラダ　　　　　（7月号）	食パン・牛乳・一食チーズ・柿 かぼちゃのそぼろあんかけ 　　　　　　　　　　　（12月号）	パン・牛乳・マーガリン 洋風おでん・みかん 　　　　　　　　（3月号）
1980年度	食パン・牛乳 ソフトチーズ 手作りコロッケ フレンチサラダ　　　（4月号）	小魚入りまぜご飯・牛乳 鶏肉とさつま芋のケチャップ煮 すまし汁・みかん 　　　　　　　　　　　（8月号）	パン・牛乳 揚肉のインド煮 ヨーグルトあえ 　　　　　　　　（2月号）
1990年度	八宝どんぶり風・牛乳 春雨の酢の物・漬け物 びわ　　　　　　　　（6月号）	手巻きずし・牛乳 すまし汁・プリン 　　　　　　　　　　　（12月号）	バターロールパン・牛乳 カレーうどん・千草あえ しょうゆ豆　　　（3月号）
2000年度	ご飯・牛乳 牛肉と野菜の炒め煮 イカのあま煮・うめぼし（7月号）	チャンポンメン・牛乳 さつまいもとりんごの重ね煮 アメリカンドッグ 　　　　　　　　　　　（12月号）	小さいパン・ジャム・牛乳 和風スパゲティー ごぼうのかりかり・みかん 　　　　　　　　（12月号）

資料：表Ⅲ－1に同じ。
注：掲載時の表記に従った。

んだり、副菜が2種類あったりと、料理数や使用食品数が多くなっている。2000年度もその傾向は続き、めん類とパンの組み合わせ、肉類と魚介類の料理が2品あるという献立も掲載されている。

　パンだけが学校給食の主食であった時代から、米飯が導入され、ご飯類やめん類が主食に加わってくるにつれて、おかずの内容もまた多様になってきている。果物・デザート類の種類も豊富である。パンに合うおかず、ご飯に合うおかずが工夫され、地域性のある食事内容へと変化してきている。

　その一方で、組み合わされた献立全体を見ると、①牛乳と汁物が出され、水分でお腹がいっぱい、②パンとめんがありどちらが主食か分からない、③肉と魚の2種類の主菜料理が出される、④味つけご飯類が多くなり、主菜料理が減る等の状況が生まれている。

6. 強化食品等の使用の変化

　強化食品は、特定の栄養素を加えてその旨を標示した食品をいう[11]。日常よく摂取する米、押し麦、小麦粉、食パン、味噌、マーガリン等に、ビタミンA・B_1・B_2、カルシウム、リジン等が強化されている。強化食品の利用については、香川綾は次のように指摘している。「強化食品は食品材料から摂るより安価に栄養素を補うことができる。生野菜からCをとるよりCを強化する方が安価である。（略）しかしこのような考え方は学校給食の正しいやり方をさまたげる一因ともなりかねない」[12]と警告している。つまり、「ビタミンやアミノ酸の強化をすることで、給食の食品構成をおろそかにしてはいけない。食品に含まれているビタミンや、アミノ酸は幾種類もの総合的かつバランスよく1つの生物体を作り上げているから、単一の栄養素のほかに他の栄養素が伴って含まれている。日常生活では自然の食品の組合せによって、全体の栄養素のバランスを考える方が安全である」[13]というものである。

　強化食品等の使用献立数について、表Ⅲ－9に示した。1960年度の掲載献

Ⅲ 学校給食の献立はどう変化したか

表Ⅲ－9 強化食品等の使用献立数

1960年度	カルシウム(57)　ビタミンA(24)　ビタミン剤(17) ビタミンC剤(5)　強化ジャム(3)　ビタミンカルピス(1)
1970年度	ビタミンC(22)
1980年度	強化米(43)
1990年度	強化米(24)
2000年度	強化米(38)　強化押し麦(4)

資料：表Ⅲ－1に同じ。
注：（　）内数字は掲載された回数

立には、カルシウムやビタミンA・Cなどのビタミン剤が添加されている事例が多い。限られた予算内で栄養補給に重点が置かれた対応策であった。1970年度になると、その種類は減り、ビタミンCのみが添加されている献立が見られるのみである。1980年度以降になると、炊飯時に強化米が添加され、2000年度からは強化押し麦の使用も加わり、炊飯時の強化食品が使用されている。

また、化学調味料等の使用については、1960年度においては、224献立中50献立（22.3％）で使用されている。「味のもと」、「グルタミン酸ソーダ」という表記で煮込み料理や和え物等に用いられている。化学調味料を使用しない時は煮干しや煮干し粉が使われている。1970年度では、「化学調味料」、「複合調味料」、「味のもと」、「だしのもと」、「コンソメ（粉末）」等様々な表記で、77献立中62献立（80.5％）において使用されている。スープ、煮物、揚げ物、和え物等多くの料理に用いられている。1980年度になると、84献立中34献立（40.5％）の使用となり、10年前と比較し半減している。煮干し、けずり節、だし昆布等を使用した献立も見られ始めたが、「スープのもと」、「スープストック」、「だしのもと」、「化学調味料」等の表記で使用されている。1990年度については、84献立中28献立（33.3％）となり、化学調味料等の使用は、さらに減少している。「コンソメ」などスープやシチューなどに使用されることが多い。2000年度は、84献立中13献立（15.5％）で、その使用は一層減少している。

化学調味料等の使用は、1970年度をピークに急激に減少し、2000年度にお

いてはスープ類に使用される程度になった。しかし、既製の加工食品を利用することにより結果として化学調味料を摂取している。素材の味を生かした手作り給食を目指しながらも、だしの取り方にはその限界があることを示している。

7. 献立作成上の留意点から見た学校給食のねらい

　1960年度には記載がないが、1970年度以降の「今月の献立研究」の冒頭部分には、執筆担当者が献立作成上のコメントを記載している。これらの記述から、献立作成にあたって何を留意してきたか、その変化について見ていこう。

　1970年度は、学校給食制度が始まって10余年、栄養確保に重点が置かれていた学校給食が曲がり角にさしかかる時期でもある。この年度に特徴的に見られる記述として、次のような表現が多く見られる。「子どもたちに喜んでおいしく食べてもらう」（7月号77頁）、「児童がとびつきやすい献立にちょっと工夫をこらす」（9月号79頁）、「子どもの嗜好にあう調理になるよう配慮」（11月号79頁）、「子どもたちの喜ぶ楽しい給食にする」（2月号79頁）というように子どもの嗜好を重視した記述である。それまでの学校給食がいかに子どもたちに不評だったか、卑俗な言葉を使えばいかにまずかったかが、推察できる。そして、おいしくするための工夫として、「パンに変化をもたせる」（10月号77頁）、「パンがおいしければ、パンもおかずも残らない。標準パンの副資材を増加して、おいしいパンの研究をしてもらいたい」（3月号79頁）というようにパン食の改善が検討された。さらに、冷凍食品の使用が、家庭においても学校給食においても増加していく時期である。こうした状況において、上手な冷凍食品の扱い方（12月号81頁）が紹介されている。市販の加工食品の使用についても「大量という言葉に甘んじて市販の製品を利用する考え方から、手作りのスクールメイドなるオリジナルな味を創り出す努力を惜しまない姿勢が必要」（7月号77頁）と、手作りを強調したコメ

Ⅲ　学校給食の献立はどう変化したか

ントも見られた。

　1980年度になると、「手作り給食」を強調する記述がさらに増える。それらは、「手作り料理の味を覚えてほしい……との一念から手作りの献立研究を手がけてきた」（4月号85頁）、「素材の味を生かした"手作り料理"を心がけている」（6月号85頁）、「家庭の味、手作りのものが望まれている昨今、インスタント的な給食よりは、手をかけた給食の方が食べる側に喜ばれるのは事実」（7月号85頁）、「土地の産物を生かした手づくりの愛情をこめた食事となるよう努めている」（10月号85頁）、「無添加で安全な食品をおいしく食べられるようにと手作り給食に心がけている」（12月号85頁）等である。裏返せば、いかに「手作り給食」が減少し、加工冷凍食品等の使用が増えていったかと、とらえることも可能である。また、発ガンの危険性がある食品添加物の使用禁止、食品公害問題など食生活の安全性を脅かす社会問題が発生し、これらの事態に対する危惧が学校給食にも反映した結果とも考えられる。

　1990年度には、各都道府県単位で実施している調理コンクールでの入賞作品を掲載するという記述が多い（4・7・8・10月号）。その入賞基準は、概ね、①すぐれた栄養内容であること、②地域の特性が活かされ、独創的で普及性が高いことにあるようだ（7・8月号）。この年度の特徴は、調理コンクールの入賞基準にも見られるように、地域で生産される食材料を利用し、郷土料理を献立に取り入れようとする意向が多く見られることである。「くずし、じゃこ天、エビ、みかん、ポンジュース等は有名、毎日の献立の中にさまざまな工夫により生かされている」（5月号81頁、愛媛県）、「母なる琵琶湖で漁獲されたスジエビ、シジミ、ビワマスや夏野菜を使った献立」（7月号81頁、滋賀県）、「イワシ製品の開発に取り組んできた」（12月号81頁、長崎県）等その地域の特産品を取り入れた献立内容が紹介されている。

　執筆担当者は、「輸入食材料が多い中、地元で生産される食材料は大切にしたいもの、子ども達に特産物を紹介し、給食にとり入れ舌で味わわせるのも私達の役割である」（10月号81頁）と考えており、「献立を立てる上で考慮

することは、パン食にはパンに合った献立を、米飯給食には米飯に合った献立をつくること、地場産物の利用、郷土食を取り入れる、歯ごたえのあるもの（繊維の多いもの）をとり入れる」（12月号81頁）ことを留意している。

　こうした背景には、家庭で行事食や郷土料理を作ることが少なくなったり、保護者がそれらの作り方を知らないため、子どもたちに伝承されていないという実情がある。また、ハンバーグ、コロッケ、スパゲティ等のファミリーレストランのメニューや半調理済み食品には軟らかい料理が多く、その軟らかさに慣れた子どもたちが増加していることも指摘できよう。

　2000年度の献立は、地域の特産物・郷土料理路線がさらに発展しているが、1990年度との大きな違いは、地域の特産物使用や郷土料理を献立に取り入れることにより、何らかの食教育をねらいとしている点である。「児童・生徒に興味関心を起こさせるような献立」（5月号97頁）を取り入れ、「学校給食を通して、子どもたちに自分の健康は自分で守るということを身につけてほしいと願い、日々の食教育に努力していきたい」（7月号97頁）という認識を執筆担当者は持っている。さらに、「学校給食では地場産物を使った献立を積極的に取り入れる事によって、子どもたちに郷土を見直し、郷土を愛し、郷土の食文化を学ぶ場として活用」（8月号97頁）し、「将来を担う子どもたちが郷土を愛し、そこで培われた郷土料理や行事食に親しみ、旬の食材を通して食べることの大切さを知り、自分の健康は自分で守れるように育ってほしい」（9月号97頁）と考えている学校給食もある。

　学校給食が教育と結びついた具体的な取り組みとして、小学6年生の家庭科「こんだてづくり」の授業で児童が考えたメニューを給食用にアレンジした献立が掲載され、「それぞれの地域での特産物を生かした献立や、子どもたちが家庭科の授業を通して考えたメニュー等が入った献立を組み入れていく中で、給食を通して、食べ物の旬や、地場産物を知ることによって、『食』の大切さを子どもたちに教え、食べる事の大切さを知ってもらおうと実施された」（6月号97頁）事例が紹介されている。

　学校給食の献立自体を子どもたちの健康教育・食教育の教材にしようとい

Ⅲ　学校給食の献立はどう変化したか

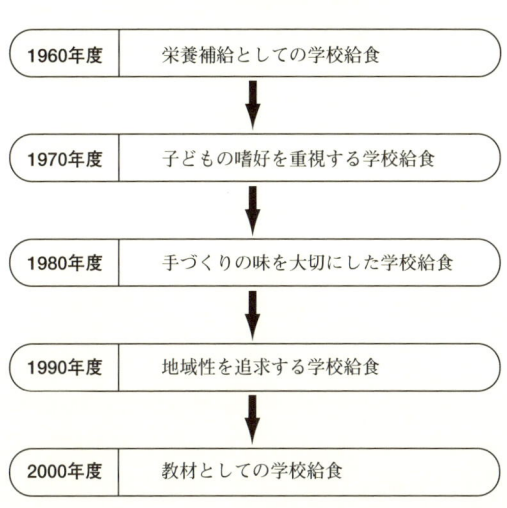

図Ⅲ－2　学校給食のねらい

1960年度	栄養補給としての学校給食
1970年度	子どもの嗜好を重視する学校給食
1980年度	手づくりの味を大切にした学校給食
1990年度	地域性を追求する学校給食
2000年度	教材としての学校給食

う姿勢もまた見られる。たとえば、「献立を教材とする食に関する教育に励んでいる」(10月号97頁)、「バランスのとれた献立、おいしく安全な給食が健康教育の生きた教材となるという思いで頑張っている」(12月号97頁) というように、学校給食の献立が生きた教材として位置づけられている。

　以上の検討から、学校給食の献立作成にあたって何をねらいとしてきたか、簡単に図式化すると図Ⅲ－2のように整理できよう。1960年度は、栄養補給に努めた時代である。1970年度になると、栄養補給を重視するあまり子どもたちの嗜好に合わなかった点を反省し、子どもの嗜好も考慮する方向となってきた。1980年度では、食品公害等の社会問題を反映し、安全でおいしい給食を目指し、手作り志向が見られるようになる。さらに、1990年度では、行事食、郷土食を取り入れ地域の特色ある学校給食が取り組まれている。全国どこでも同じものを食べているという食の画一化傾向の反省と考えられる。2000年度になると、それらに加え、学校給食を通して教育の役割を果たそうというものになっている。食の伝承や正しい食習慣を培う場として学校給食が見直されようとしている。

8. 教育の一環としての学校給食

　学校給食における食材料と献立の変化について、月刊誌『学校給食』の掲載献立記事を素材に検討してきた。献立を構成する料理、料理を構成する食材料、そしてその組み合わせは、それぞれの年度により特徴あるものであった。献立作成上にあたって様々な配慮が見られ、時代ごとの食生活事情、子どもの食生活実態に対応して、学校給食のねらいが変化してきていることが確認できた。

　では、現在の学校給食が抱える問題、課題は何か。一つは、作る側の問題にある。手作りを強調しながらも、手作りの給食を実施することの困難さが見られる。だし昆布、削りカツオ、煮干しなど食品からだしをとるよりも、既製の調味料を用いる方が簡単である。コーンシチューの素、白和えの素、「ワカメご飯の素」等既製の調味済みで半加工の食品を使用する方が、大量調理上の技術は問われず、しかも経済的である。今後、限られた調理時間と設備、人員の中でどこまで手作りが可能かという課題を抱えている。

　二つは、食材料調達の課題である。地元産の食材料を利用したいと考えながらも、輸入農産物やそれらを使用した加工食品を使わざるを得ない状況が生まれることも多い。量の確保、季節による変動をどう調整するかなど、地域の農林水産業者、食品加工業者、それらの関係機関との連携が課題になろう。

　三つは、食べる側の問題である。飢餓の時代から飽食の時代へと変化していく中で、市販の調理済み加工食品の味に慣れ、手作りの味をおいしいと感じなかったり、歯ごたえのある固い食品を好まない傾向が生じている。また、食物アレルギー児の増加により特定の食材料を食べられない子どもが増加し、その対応も求められている。学校給食は、成長後の食習慣形成に影響を与えるという意味で重要な食事である。

　学校給食は、子どもたちの栄養確保を目的とした時代から学校給食を食教

育の一環として位置づけようとする時代へと変化してきている。安全でおいしい給食作りに加え、地域の特産物や行事食、郷土食を取り入れた献立内容へと変化してきた背景には、安全が保証されず、まずい給食で、全国画一の献立内容であったという反省がある。そうした歴史を踏まえて、学校給食を通して子どもたちに何を教えるのかが今後の重要な課題になっている。

本章は、「学校給食における食材料と献立の変化──雑誌『学校給食』の掲載献立を素材にして──」『市立名寄短期大学紀要』第34巻（2002年3月）を加筆修正したものである。

注）
1）『学校給食』は、1953年7月に創刊された『給食の技術』を1956年4月から改題した月刊誌である。発行元は、日本給食技術協会であるが、1957年1月号（前年12月との合併号）より「全国学校給食協会」と名称変更した。これは、学校給食を主体とすることをさらに強調するためであった。
2）1960年度については、愛知県春日井市教育委員会、大阪府教育委員会、福岡県学校給食栄養士会、香川県学校給食協会、北海道教育庁保健体育課、鳥取県倉吉市立小学校に勤務する学校栄養職員及び編集部が担当している。1970年度については、東京都内の小中学校、共同調理場、教育委員会、横浜市立小学校、大阪府教育委員会、岐阜県学校給食栄養士会が担当し、1980年度については、東京、宮崎、富山、青森、滋賀、栃木、徳島、岐阜、静岡、愛知、埼玉など全国各地の各教育委員会が担当している。1990、2000年度については、全国学校栄養士協議会の各都道府県支部長経験者である学校栄養職員が担当している。
3）足立己幸「人間の食生活の成り立ち」同編『食生活論』医歯薬出版、1987年、27頁。
4）『学校給食』1970年10月号77頁によると、2個取りパンは「（普通のパンに比べて）2円高で経費がかさむのですが、火通りが良くむらなく焼上ります」という理由で、献立に取り入れられていた。
5）河合知子・佐藤信・久保田のぞみ「米飯給食における地元産米利用とその実態」『地域と住民』第19号、市立名寄短期大学道北地域研究所、2001年。白飯率と献立内容の関係について、味つけご飯や丼物の献立では主菜、副菜などのおかず類が手薄になることを献立表の分析から明らかにした。
6）足立前掲論文、27頁。

7）足立己幸は「鶏卵一個の大きさに相当する約50g以上を含む」とおおよその分量を指摘している。同上、27頁。これに従い、50g以上のタンパク源が用いられている主菜料理を抽出した。
8）豊岡弘子「学校給食に"風"が吹いているわけは。」『栄養と料理』女子栄養大学出版部、1987年6月号、53頁。1980年代後半になって、"風"があまり吹かなくなった理由として、①設備が良くなり、費用面も改善され、やっと「まがいもの」を作らなくともよくなったこと、②関係者のネーミングに対する意識がはっきりとしてきてユニークな献立名をつけるケースが多くなったこと、が指摘されている。
9）足立前掲論文、27頁。
10）『学校給食』1970年11月号編集後記に以下のような記述がある。「"デザートを週1回ふやし、ミルクを辺地以外は生の牛乳に切り替えます"とは文部省が打ち出した来年度の学校給食改善策である。…と同時に農業政策の一環であり、押しつけであるという一部の批判の声。しかし、国内にダブついているとはいえ、子どもたちの口に新鮮なミカンやリンゴが入るならば給食が楽しくもなるし、普段学校給食に果物が少ない折、政策的なことはどうあれ、子どもたちが喜んで食べれば大変結構なことだと思う」。
11）栄養学・食品学・健康教育研究会編『食品・栄養・健康用語辞典』同文書院、1986年、171頁。
12）香川綾「献立の考え方」『学校給食』全国学校給食協会、1971年3月号、16頁。
13）同上、16頁。

Ⅳ　学校栄養職員に求められる能力とは

1．学校栄養職員の抱える問題

　食育推進の場として学校給食が注目されている。2005年4月から栄養教諭制度がスタートし、ますますその役割が期待されるようになった。しかし、果たして学校給食の現場が食育を実践する上で万全の体制を整えているといえるだろうか。たとえば、給食時間が十分に確保できないといった古くからの問題は、ゆとり教育がいわれる昨今でさえ積み残されたままである。
　これまでの、そして現在においても給食管理の中心的担い手であり、「食に関する指導」[1]を行っているのは学校栄養職員である。全国の小中学校には10,678名の学校栄養職員が配置されている（2004年5月現在、文部科学省スポーツ・青少年局学校健康教育課）。その内訳は、単独実施校（いわゆる自校方式）では小学校に5,566人、中学校に1,315人、共同調理場（いわゆるセンター方式）は3,797人となっている。学校栄養職員1人当たりの担当校数を換算すると、単独実施校では2.0校、共同調理場の場合は4.4校となる。
　今後、学校栄養職員から栄養教諭へ職種の切り替えが進み、場合によっては学校栄養職員と栄養教諭が棲み分けして給食管理や「食に関する指導」を行うことになるかもしれない。いずれにしても、学校栄養職員が抱えている問題の多くは、栄養教諭にも引き継がれることになる。
　本章では、学校栄養職員の仕事を通して、学校給食を「食育」の場にするには何が必要なのかを検討する。以下、2．では安全で安心な給食を提供す

るために学校栄養職員が苦心している現状について、3．では地元産食材料導入の傾向が強まるなかでの食材料調達の困難性について、4．では実際に行われた「食に関する指導」を例に、その問題点と課題を明らかにする。最後に、学校栄養職員としての仕事内容を整理、検討していき、学校栄養職員にどんな力が求められているのか、その能力を発揮するにはどんな体制が必要かをまとめていきたい。

2．給食管理の実態

学校栄養職員の職務内容は、おもに給食管理と「食に関する指導」であるが、現状では業務の大半は給食管理である。給食管理は、給食を提供するための業務であり、具体的には児童生徒に必要な栄養量を考えた献立の作成、使用する食材料の発注及び購入、調理過程の管理や調理員への調理指導、施設や調理器具の管理等である。

(1) 煩雑な衛生管理

学校栄養職員が給食を提供する上でもっとも神経をとがらせていることは、学校給食から食中毒を出さないことである。特に1996年に岡山県や大阪府の学校で起きたO-157食中毒事件は、学校給食関係者にとってショッキングな出来事であったと同時に、衛生管理のさらなる強化が求められた。この事件を踏まえて、文部省（当時）は、1997年4月1日付で「学校給食衛生管理の基準」（通知、以下「基準」）を示した。事件から10年を経た2006年現在においても、学校給食現場ではこの「基準」に基づき、徹底した衛生管理を行っている[2]。

確かに、衛生管理を厳重にすれば、食中毒の発生を予防できるし、実際、成果も上がる。しかし、厳重な衛生管理を実施するために、学校栄養職員の仕事量はこの時期から格段に増加した。その内容を食材料の扱い方を例に見てみよう。

Ⅳ 学校栄養職員に求められる能力とは

　缶詰、乾物、調味料等常温で長期間保存できる食材料と魚介類や肉類、野菜等食中毒の原因になりやすい生鮮食料品とでは、購入や納品の仕方は異なる。前者は月単位で使用分をまとめて購入できるが、後者は当日使う分だけを当日の朝に納入する。給食当日、学校栄養職員は業者の納品した食材料すべての品質、鮮度の点検（この作業を検収という）を行うとともに、食材料運搬の際に温度管理が適切であったかを確認するために食材料の温度（品温）も計る。給食には何種類もの生鮮食料品を使うし、納入業者も1社ではない。生鮮食料品が運び込まれてくるたびにこの作業を繰り返し、さらに納入時間・数量・温度等を細かく記録しなければならない。

　検収済みの食材料は、納品時の入れ物から施設用の別容器に移し替える。納入時に使用した段ボールや発泡スチロールに付着しているかもしれない細菌を施設内に侵入させないためである。

　続いて食材料を納品時の状態のまま、それぞれ50gずつを別々のビニール袋に入れて冷凍庫に保存する。これを保存食といい、万が一、食中毒が発生した場合、何が原因だったかを追及するためのものである。O-157食中毒事件以前は、出来上がった料理のみを対象としていたが、事件後は、原材料の保存も義務づけられた。給食に使う生鮮食料品の種類が多ければ多いほど、検収や保存食の取り分け作業に時間がかかる。

　調理過程においても、厳重な衛生管理が求められている。1996年のO-157食中毒事件では、食中毒の原因として生食することが多い貝割れ大根が取りざたされたこともあり、「基準」は野菜の加熱調理を原則とした。そのため、「基準」通知後からしばらくの間、定番メニューであった野菜サラダやせん切りキャベツは、献立から姿を消した。今でもサラダに使うきゅうりは必ずゆでているところもある[3]。生のままで食べていたものをゆでるとなると、調理時間や調理員の作業量が増え、また調理器具の使い回しをどうするかといった問題も生じる。

　また「基準」では、魚介・肉・卵類やそれらの加工食品、冷凍食品を使った献立の場合、食品の中心部分まで十分に加熱できているかを確認するよう

義務づけている。出来上がった揚げ物、煮物などは中心温度計を使って温度を確認し、時間とともに記録しなければならない。

さらに学校栄養職員には作業管理の一環として、献立ごとにどの調理員がいつどんな作業をするかといった工程表作成が義務づけられている。

O-157食中毒事件以降に新・改築した給食施設では、HACCPが採用された。改築しなかった（できなかった）ところでも、HACCPに基づき従来の施設を汚染作業区域と非汚染作業区域に区分して衛生管理に細心の注意を払っている。しかし施設をHACCP対応にしたからといって、食材料の扱い方や調理過程の煩雑さが解消されるわけではない。

(2) 食物アレルギー児への対応

食物アレルギー患者が増加するなか、学校給食においても食物アレルギー児への除去食の対応が迫られている。

文部科学省は2003年5月30日付の通知「学校給食における食事内容について」のなかで、食物アレルギー児に対する個別対応の必要性を示している[4]。

実際、食物アレルギー児に対して何らかの対応をしている学校給食施設は少なくない。たとえば、牛乳アレルギーの児童生徒には牛乳の代わりにお茶を出したり、調理過程で卵を加える前に卵アレルギー児分の料理を取り分けたり、魚アレルギー児には魚の代わりに肉を使うといったことである。なかには、アレルギー食を専門に作る施設や人員を確保しているところもある。北海道厚真町では学校給食センター開設時（2000年4月）から食物アレルギー児への対応を視野に入れ、除去食を作る施設や専門の学校栄養職員・調理員を配置している[5]。また山形県酒田市の中学校では2005年より、アレルギー対策として給食か持参の弁当かを選べるシステムを取り入れた[6]。

その一方で、何の対応もしていないところがある。学校給食における食物アレルギー対応が自治体や施設によってまちまちなのはなぜか。

一つには、前述の「学校給食における食事内容について」で食物アレルギー児への対応を謳っているものの、具体的な方針が出されていないことがあ

る。食物アレルギーの原因や症状は子どもによって異なる。卵アレルギーであっても、卵料理のように一度にたくさんの量を食べなければ大丈夫という子どももいれば、つなぎや加工食品に使われる少量の卵で症状が出る子どももいる。子どもによってはアレルギーの原因食品が1種類の場合もあれば、数種類の場合もある。血液検査ではアレルギー反応を示しても、アレルゲンを含む食品を食べて症状が出ないケースもある。一口に食物アレルギーといっても、その原因、症状は千差万別である。

そばアレルギーの児童が給食のそばを食べて死に至ったケース[7]もあり、複雑な食物アレルギーに対して、学校給食ではどの程度まで対応すべきか、万が一の場合誰がどこまで責任を負うか、明確な方針がないことを理由に、二の足を踏んでいるところも少なくない。

二つには、施設設備の問題がある。食物アレルギー児のなかには、少量でもアレルゲンの食品に触るだけで症状が出る子どもがいる。こうした子どもの除去食を作る際には、アレルゲン食品を扱った器具を使うことができないので、ざる、鍋、お玉などそれぞれ除去食専用の器具が必要になる。また、調理中にアレルゲン食品の混入を防ぐために、調理スペースも通常の給食を作るところと分離して設ける必要がある。

三つには、除去食を作るための人員確保の問題がある。通常の献立とは別に除去食用の献立を作成しなければならない。アレルゲン食品の代替品を発注、納品の確認といった一連の作業量も増える。調理にいたっては、食材料を正確に計量し、器具を使い分けるので、少量といえども人手が必要となる。児童生徒数に応じた学校栄養職員及び調理員の配置人数の基準はあるが、基準通りの人数で食物アレルギーに対応した給食作りは難しい。

(3) 突発的な問題の対処

O-157食中毒事件以後にも、BSE、鳥インフルエンザ、アスベスト等学校給食の安全性を脅かす出来事がいくつも発生している。

2001年9月、日本国内で最初のBSE感染牛が確認された。学校給食におい

ても牛肉の安全性が確認されるまで使用を中止した。その上、コンソメやカレールウ等の加工食品にいたるまで、牛由来原材料の使用有無の確認も迫られた。学校栄養職員は加工食品を納入している業者や製造元に問い合わせ、原材料を徹底的に調査した。牛由来の原材料を使用した加工食品があった場合は、給食への使用を即刻中止し、代替品の調達に奔走した。

　2006年現在、学校給食に牛肉を使うか否かの判断は、各施設にゆだねられている。そのため、学校給食会から牛肉を購入して使っているところもあれば、使用を見合わせているところもある。学校給食の定番メニューとなったビビンバについていえば、本来ならば牛肉を使うべきところを豚肉で代用している例もある[8]。

　2005年6月、アスベスト吸引による中皮腫発症者の増加が社会問題になった。給食現場においても1970年代に製造された回転釜や炊飯器の断熱材にアスベストが使われていたことが判明した[9]。アスベスト仕様機器を使っていた学校給食施設では、直ちに施設を閉鎖し、機器を封印、撤去して、アスベスト飛散による汚染の調査等を行った。施設を閉鎖している期間の給食は、パンと牛乳等で対応したが、多数の児童生徒が給食中止の影響を受けた。この時、学校栄養職員が機器メーカーとの交渉、給食に代わるパンなどの緊急手配、発注済み食材料の納入取り消しの連絡、児童生徒や保護者への対応、給食再開に向けての準備等に多大な時間と労力を費やしたことは想像に難くない。

3. 食材料調達をめぐる現状

(1) O-157食中毒事件以降の変化

　O-157食中毒事件以降、多くの学校給食施設ではミニトマト等一部を除いて、生食用の野菜を使わなくなった。事件発生直後には生食用野菜の酢水洗浄、アルコール散布等殺菌方法がいくつか取り上げられたが、それでも絶対的な安全が保証されず、文部省（当時）による加熱調理の指導もあって、生

野菜を使わないメニューが一般的になった。

　学校給食施設によっては生食用野菜だけでなく、魚介類の使用も敬遠する傾向が見られる。魚介類は食中毒の原因になりやすい食品であり、他の食材料以上に衛生管理に神経を使うからである。O-157食中毒事件以前は地元で水揚げされた鮭をフィレで購入し施設内で切り身にしていたところでも、事件以降は下処理の要らない切り身の購入になり、使用頻度も減少した[10]。

　給食施設内で作る料理にも変化が見られる。安全面を考慮した結果、コロッケやハンバーグの手作りをやめて、衛生管理が厳重な業者の加工食品に切り替えたところもある[11]。

(2) 地元産食材料利用の困難性

　地元でとれた食材料は鮮度が良く、安心感があり、教育的効果も期待できるので、学校給食で使用したいと考えている学校栄養職員は多い。しかし、地元産食材料を学校給食に導入するには、いくつかの問題がある。

　学校給食で扱う食材料の量は多い。そのため、使用量の確保が難しいことが第一の問題である。たとえば、市町村内すべての給食施設で提供するメニューを統一し、市町村の学校給食会を通して食材料を購入する場合はかなりの量になる。統一メニューを実施している自治体の学校栄養職員は、給食施設近辺の農家が栽培した野菜を給食に取り入れ、子どもたちに地元産食材料の良さを伝えたいと考えているが、実現は難しいと訴える[12]。

　二つめの問題は、作業効率に関わることである。意外にも低農薬や有機栽培の地元産野菜は給食現場では敬遠される。その理由は、野菜の大きさが不揃いのため調理作業上の負担が増えることにある。大量調理では洗浄も裁断も機械を使うことが多いが、大きさがそろっていないと洗い残しがあったり、切れたものが不均一だったりする。また低農薬や有機野菜には虫がつきやすく、どんなに注意を払っても完全に取り除くのは難しい。しかし、無害であっても虫の混ざった給食を児童生徒に提供するわけにはいかない。教育効果に加えて安全面からも低農薬や有機野菜を給食に取り入れたいと考える一方

で、調理作業に時間がかかる上に完璧に異物混入を防げないというジレンマを学校栄養職員は抱えている。

三つには価格の問題がある。地元で収穫された食材料なら運送料がかからない分、他の地域産食材料より当然安いと考えがちだが、現実はそうではない。学校栄養職員の多くは、国内・地元産食材料は高価で給食費に見合わないという。原因の一つには、食材料の流通が関わっている。地域によっては、特産の食材料は高値で売れる大消費地に送られてしまうので、地元では旬にも関わらず量の確保が難しい上、価格も決して安くはない。さらに農作物の収穫量は冷夏や猛暑、台風など天候に左右され、食材料費の見通しが立ちにくい。

金田雅代は「量的にそろわない、規格が合わない、価格が高いなど、地場産物を使用できない理由を聞きますが、1学年分、1学校分から始めてもよいのです。要は使用するためにどうすればよいかと発想を変えてみることです」[13] という。確かに、少しずつでも地元産食材料を給食に取り入れることは重要だが、調理員の増員は望めず、流通の仕組みも変わらず、天候で変動する価格等の状況を鑑みれば、1学年分、1学校分の地元産食材料を扱うことは現実的とはいいがたい。

また、地元産食材料をどんな料理にすれば児童生徒に受け入れられるか、といった課題もある。たとえば北海道は昆布や大豆・小豆等の産地だが、昆布巻きや五目豆は児童生徒が必ずしも喜んで食べる料理とはいえない。しかし献立や調理の工夫次第で、児童生徒が満足する料理にできるはずである。地元産食材料を学校給食に活かす決め手は、食材料や調理の知識に基づいた料理のアイディアであり、まさに学校栄養職員の腕の見せどころである。

4.「食に関する指導」の実態

「食に関する指導」の定義はないものの、1998年6月、文部省（当時）が出した「『食』に関する指導の充実について」（通知）には、「『食』に関する

指導に当たっては、学校の教育活動全体を通して行う健康教育の一環として、児童生徒に『食』に関する知識を教えるだけではなく、知識を望ましい食習慣の形成に結び付けられるような実践的な態度を育成するよう努めること」と示している。

「食に関する指導」の主たる担当者は学校栄養職員である。国語などの教科と異なり、「食に関する指導」は授業時数が定められていないため、給食時間や家庭科、総合的な学習など他の授業の一部を利用している。ただし、教諭ではない学校栄養職員が授業を行うには、学級担任と組んで授業を分担するティーム・ティーチングの形態をとるか、教育委員会から特別非常勤講師の任命を受ける必要がある[14]。

ここではある学校栄養職員が行った「食に関する指導」を素材に、今後さらに力を入れて取り組まれるであろう「食に関する指導」をより良いものにしていくための課題を明らかにしたい。

(1) 指導の計画と実際

北海道中央部に位置するA市の学校給食はセンター方式である。2005年5月現在、学校給食センターは3名の学校栄養職員を配置し、対象校は小中学校合わせて19校、児童生徒数は7,379人で、学校栄養職員1人あたりの担当は6〜7校、約2,460人になる。この状況下で、学校栄養職員はどのように「食に関する指導」を計画、実施しているのだろうか。

まず学校栄養職員は、誰にどのような内容で指導するか、次の手順で計画を立てる。指導の対象を1・2年生、3・4年生、5・6年生、中学生の四つに区分し、給食関連、栄養関連、おやつ関連、その他の内容で各対象に合わせたテーマを用意する。これを一覧表にしたものが「食の指導計画表」（資料1）である。

指導の実施にあたっては、対象校の小中学校に「食の指導計画表」と「『食に関する指導』についての希望調査」（資料2）を配布し、指導を希望するか希望しないかを調査用紙に記入してもらい、それを回収して確認する。

資料1　食の指導計画表

	1年生	2年生	3年生	4年生
給食関連	『給食ができるまで』 ・カレーができるまで（プロジェクター可） ・当日の食材の種類、道具		『給食について知ろう』 ・給食に携わる人々（プロジェクター可） ・当日の食材の種類と産地	
栄養関連	『いろいろたべもの』 ・当日の食材を栄養価別に3色に分ける ・苦手なものでも挑戦してみよう		『なんでも食べよう』 ・当日の食材を栄養価別に3色に分ける ・栄養素の不足した時の体への影響	
おやつ関連	『ごくちゃんとえみちゃん』 ・ジュースの飲みすぎについて（紙芝居） ・牛乳のカルシウムについて（紙芝居）		『おやつについて考えよう』 ・砂糖の取りすぎについて ・着色料（実験）	
その他	『野菜のパワー』 ・野菜の名前 ・食物繊維 『チャレンジ！マナー！』 ・箸の使い方（紙芝居） ・みんなと楽しく食事する		『よくかんで食べよう』 ・食べものの通り道（エプロンシアター） ・ひみつのこはがいーぜ（77） 『和食のひみつ』 ・お米について ・大豆製品について	

　指導を希望する学校・学級には、指導時期、指導時間、希望の指導内容、学級担任の要望なども確認できるようにしている。

　次に、実際に行われた「食に関する指導」の内容について、指導案（資料3）を基に見てみる。対象は小学2年生一クラス、指導の題材名（テーマ）は「給食ができるまで＆野菜のパワー」、指導時間は40分である。この指導は授業時間を利用して、ティーム・ティーチングで実施している。

　「食に関する指導」は学級担任が学校栄養職員を紹介することから始まる（資料3の「はじめ」を参照）。学校栄養職員は自己紹介の後、「栄養職員の仕事について簡単に話す」。そして、この日のテーマ「給食ができるまで＆野菜のパワー」を児童に提示して具体的な内容に進む。

　「なか」（資料3の「なか」を参照）がこの「食に関する指導」の中核である。学校栄養職員は子どもたちに「給食は、どのように作られているか興味を持」ってもらうために、「きゅうしょくができるまで」や給食作りに使用している業務用と家庭用の調理用具を比べて見せながら、「調理所の作業の様子」を話して聞かせる。給食は「たくさんの人が一生懸命作っていること知らせる」。後半の野菜をテーマにした部分では、食品カードや紙芝居（ピーマンマン）、「野菜のパワー」を使って、「献立の中で使っている材料の紹

IV 学校栄養職員に求められる能力とは

5年生	6年生	中学生
『地場産物を知ろう』 ・給食に携わる人々（プロジェクター可） ・生産者の話（ビデオ可）		『調理所の一日』 （ビデオ可） ・給食に携わる人々 ・献立について
『なぜ食べるのだろう』 ・栄養素について ・人間の体は食べものでできている		『バランスを考える』 ・朝食の大切さ ・献立の組み合わせ
『上手なおやつの選び方』 ・食品添加物について ・着色料（実験）		『おやつと夜食』 ・おやつの選び方 ・夜食の選び方
『規則正しい食生活』 ・朝食の大切さ ・成長期に必要な食べもの		『カルシウムについて』 ・カルシウムの重要性 ・ダイエットについて
『献立を考えてみよう』 ・料理の組み合わせ ・主食・主菜・副菜について		『スポーツと栄養』 ・水分について ・栄養素について

介」をしてから、「野菜のパワーについて知らせる」。

「活動内容」欄には、学校栄養職員の「働きかけ（支援）」が子どもたちにもたらす意識の変化を「給食は、どのように作られているか興味を持つ」、「給食の中にも野菜が入っていることを知る」、「野菜のパワーについて知る」と記している。

最後は、再び学級担任が登場して「本時のまとめをする」。学校栄養職員が「色々な食べ物を食べてみようとうなが」して終了となる（資料3の「まとめ」を参照）。

(2) 「食に関する指導」の課題

ここまで見てきた「食に関する指導」にはいくつかの問題がある。まず、それらを整理しておきたい。

第一に、テーマがA市の児童生徒の食生活実態に見合ったものなのかという点である。「食の指導計画表」（資料1）には学年区分ごとに、給食関連、栄養関連、おやつ関連とその他に2テーマ、計5テーマを用意してある。よって、子どもたちのどのような食生活にも対応できそうに見えるが、文部科学省が出した『食に関する指導参考資料』（東山書房、初版2000年）の「食

資料2

平成17年　月　日
学校名＿＿＿＿＿＿
学級名＿＿＿＿年＿＿組

「食に関する指導」についての希望調査

◎学級訪問（給食指導）について
　　基本としては4時間目の最後15分と給食時間または1校時分を使い、「食の指導」にあたりたいと考えております。別紙「食の指導計画表」などを参考にしてください。

1、食の指導を希望しますか？
　　・希望する　（　各学級　・　学年合同　・　どちらでもよい　）
　　・希望しない

指導の時期と希望する内容についてお答えください。
2、学級訪問を実施する時期について
　　いつごろ希望しますか？（日にち・曜日等、特に希望があればお書きください。）
　　ア）　　　　月頃（上旬　中旬　下旬）
　　イ）調理所の日程にあわせる

3、指導時間帯について
　　ア）4時間目の最後15分＋給食時間
　　イ）4時間目1校時分＋給食時間
　　　　（教科の時間　例えば：生活科、家庭科、総合学習、学活など）
　　ウ）その他（　　　　　　　　　　　　　　　　　　　　　　）

4、別紙「食の指導計画表」などを参考に希望する指導内容をお書きください

5、短い指導時間の中で、学校給食について子どもたちに話して欲しい事項がありましたらご記入ください

資料3

学級活動（給食）指導案

日　時　平成17年6月〇日・×日
対　象　〇〇小学校　2年生
指導者　学級担任
　　　　栄養職員　〇日1組…〇〇
　　　　　　　　　〇日2組…××
　　　　　　　　　×日3組…〇〇

1．題材名　　　　給食ができるまで＆野菜のパワー

2．題材設定の理由　どのように給食が作られているか理解するとともに集団の中で楽しく食べられるようになってほしいから。
　　　　　　　　　また、給食を通して食べ物のはたらきなどにも興味・関心を持ってもらい、色々な食べ物を食べてみようという意欲をもってもらいたいから。

3．準備　　　　　調理所の調理用具・家庭用の調理器具・「きゅうしょくができるまで」
　　　　　　　　　「野菜のパワー」・紙芝居（ピーマンマン）・食品カード

4．展開

過程	活動内容 （児童・生徒の活動）	教員の働きかけ（支援）		資料・留意点 （評価）
		学級担任(T1)	学校栄養職員(T2)	
はじめ (2)	・「あいさつ」	・学校栄養職員を紹介する。	・自己紹介をする。 ・栄養職員の仕事について簡単に話す。 ・本時の題材名を提示する。	
なか (35)		給食ができるまで		
	・給食は、どのように作られているか興味を持つ。		・調理所の作業の様子を知らせる。 ・たくさんの人が一生懸命作っていることを知らせる。	・「きゅうしょくができるまで」 ・調理用具
	・給食の中にも野菜が入っていることを知る。		・献立の中で使っている材料の紹介。	・食品カード
	・紙芝居をみる。		・紙芝居を読む。	・紙芝居
	・野菜のパワーについて知る。		・野菜のパワーについて知らせる。	・「野菜のパワー」
まとめ (3)	・食べ物に興味を持ち、色々な食べ物を食べてみようという意欲を持つ。	・本時のまとめをする。 ・学習カードに記入	・色々な食べ物を食べてみようとうながす。	・学習カード （教師用）

5．評価　　＊給食ができるまでを知ることができたか。
　　　　　　＊色々な食べ物を食べてみようという意欲がもてたか。

に関する指導の基本的な考え方」（9～13頁）に準じた内容でもある。果たしてA市における児童生徒の食生活実態を反映した「食に関する指導」になるのだろうか。

　さらに、五つのテーマから実施するテーマを選択するのは学級担任であって、学校栄養職員ではない。食行動を含め、日頃の子どもたちの状況を把握しているのは学級担任だから、子どもたちに最も適したテーマを選び出すのは容易であろう。しかし実質的に「食に関する指導」を行うのは学校栄養職員である。かなめのテーマ選びを人任せにして、よい成果が期待できるだろうか。

　第二に、指導内容が対象者の理解度に合っているかどうかである。1・2年生の『野菜のパワー』（資料1を参照）を例に挙げれば、内容に「食物繊維」とあるが、何を目的に1・2年生に食物繊維を教えるのか。もちろん、子どもたちに栄養素の役割を理解させていく必要はある。しかし年齢や理解度、興味に合致した指導内容でなければ、子どもたちは関心を示さない。さらにこの事例では、一回の指導に内容の異なる二つのテーマを盛り込んでいる。「学級活動（給食）指導案」（資料3）の題材名「給食ができるまで＆野菜のパワー」を「食の指導計画表」（資料1）に照らし合わせてみると、この題材名は「給食関連」の『給食ができるまで』と「その他」の『野菜のパワー』を組み合わせたものであることがわかる。小学校2年生の学習力からすれば、盛りだくさんの内容より一つのテーマにじっくり取り組むほうが、よほど理解が進みそうである。

　では、「食に関する指導」をより良いものにしていくための課題は何か。

　まずは指導のねらい（目的）を明確にすることである。何のための「食に関する指導」かを明らかにすれば、テーマも設定しやすくなるし、指導内容の筋立ても明確になる。子どもたちの理解度に見合う指導計画もたてやすい。あいまいなねらいのまま計画を進めると、何をどう指導したらいいか迷い、挙げ句の果ては、トピックスを散りばめただけの内容になりかねない。

　そして、指導計画や実施方法の評価を行うことである。「教員の働きかけ

(支援)」の順序や内容は適切だったか、食品カードや紙芝居は効果的に用いることができたか、指導中の子どもたちの反応はどうだったかを客観的にとらえ、指導のねらいが的を射るものであったかを学校栄養職員自身が振り返るのである。事例では、「学級活動(給食)指導案」(資料3)に「5.評価」とあるが、その内容は指導を受けた子どもたちを対象にしたもので、指導そのものの評価をしているかどうかは定かではない。子どもたちの反応(評価)が芳しくなかった場合、指導する側に問題がある。評価を重ねていくことが、学校栄養職員の指導力向上につながる。

学級担任との連携のしかたも重要である。A市では、学校栄養職員1人当たりの担当校数も児童生徒数も多い。1校1学級、まして一人ひとりの児童生徒の様子を学校栄養職員がつぶさに観察するのは不可能である。だからといって情報なしに指導はできない。そこで、「食に関する指導」を計画する前に、子どもたちの学校生活、家庭環境、健康状態を把握している学級担任から情報を入手するのである。情報を分析し、問題点を明らかにし、学級担任と意見交換しながら子どもたちの学習力、理解力に適した指導のねらいや内容を考える。

指導終了後は、学級担任にも評価してもらい、その後の子どもたちの様子を定期的に教えてもらう。指導直後に変化がなかったとしても、効果は日を置いて現れるかも知れない。事後のフォローも指導の一環である。学校栄養職員と学級担任とが互いの情報や考えを出し合いながら、指導を進めていくことである。

5. 学校栄養職員に求められる能力と必要な体制

予算が潤沢にあれば、安全で品質の高い食材料を買うことができるし、調理員の数を増やせば低農薬、有機栽培の野菜についた虫をていねいに取り除くこともできる。アレルギー食専門の調理スペースを設け、専属の学校栄養職員、調理員も配置できる。機能的な調理機器を導入すれば、給食メニュー

も充実する。しかし学校給食を運営する地方自治体の多くでは財政に余裕がないために、耐用年数を超えた設備の更新でさえ難しいのが現実である。

このような状況であっても、学校給食を「食に関する指導」の「生きた教材」と位置づけるのであれば、学校栄養職員の第一の使命は、必要な栄養を満たした安全でおいしい給食を児童生徒に提供することである。そこで学校栄養職員には少なくとも次の四つの給食管理能力が必要と考える。

もっとも重要なのは、給食に適した食材料の品質を見極める力である。鮮度も味も良く、安全性の高い食材料を見分けるには、その食材料がいつ、どこで、どのように生産されたのか、どんなルートを辿って市場に出回っているのか、生産に関する情報や流通の仕組みに関する知識が欠かせない。

次に、限られた予算や施設設備、人員数であっても（これらは学校栄養職員の力だけではなかなか解決できない）子どもたちがおいしく食べられる献立にする能力である。ハンバーグやカレーライス等、子どもの好きなメニュー中心の献立にすることでは、もちろんない。たとえば子どもたちが苦手とするピーマンは、ゆでただけでは青臭さが残るが、油を使い高温で炒めれば甘みが増し独特の風味もやわらぐ。繊維を断つより、繊維に沿って切る方がピーマン臭さを押さえることができる。調理法や切り方を変えたり、組み合わせる食材料を工夫することで、苦手なものからおいしいメニューにすることができる。そのためには、食材料の調理性を十分理解していること、料理のレパートリーが多いことに加えて、鍋で蒸し物を作れるといった調理器具を使いこなすための知識が必要となる。

そして、地元産食材料を利用するための能力も重要である。旬の食材料を適切な価格で購入するには、地元の生産者たちや農・漁業協同組合とのマネージメントが必要となる。学校栄養職員には、生産者や組合関係者はもとより児童生徒の保護者に対しても、学校給食の重要性や地元産食材料利用の必要性について理解を深めてもらうための働きかけや、これらの人たちと給食関係職員、教育委員会が協力していく上でのまとめ役が要求される。関係者とのつながりが広がれば、地元産食材料使用の可能性も大きくなる。たとえ

ば、保存が効かない食材料は、信頼のおける業者に加工してもらえれば、季節を問わず給食に利用することができる。メニューの工夫も地元産食材料の有効利用につながる[15]。

　最後に、今何が必要かを見極める的確な判断力である。O-157食中毒事件発生以降もBSE、鳥インフルエンザによる食材料汚染、アスベスト問題等が起こっている。学校給食現場では未知の出来事が発生した場合に、給食を続行するのか直ちに停止するのか、現場サイドでの迅速な対応が求められる。文部科学省や都道府県からの指示を待っている間にも、学校給食を通して健康障害が広がる可能性があるからである。学校栄養職員は常日頃から社会的な問題に関心を持ち、絶えず情報や知識を蓄積しておくことが何よりも重要である。

　では、「食に関する指導」を行うために必要な能力は何か。1997年9月22日付の保健体育審議会答申では「学校栄養職員の健康教育への一層の参画を図ることが必要であ」り、「今後求められる学校栄養職員の資質としては、①児童生徒の成長発達、特に日常生活の行動についての理解、②教育の意義や今日的な課題に関する理解、③児童生徒の心理を理解しつつ教育的配慮をもった接し方、などである」としている。さらに答申では、資質向上と「担当教諭とティームを組んだ教科指導や給食指導に関する実践的な指導力の向上」を目指す研修、とりわけ経験者研修の充実を挙げている。

　肝心なのは、どうやって学校栄養職員一人ひとりがこうした資質を身につけるかである。また、教育を行う上で指導力は必須条件だが、それだけでは「食に関する指導」は成り立たない。家庭や地域の食生活実態等児童生徒を取り囲む食環境を広い視野でとらえる視点、学校栄養職員自身が常に問題意識を持つことも重要である。

　それにしても、学校栄養職員のがんばりだけでは限界がある。限られた時間と人材、予算、施設のなかで、より良い給食を提供し、効果的な「食に関する指導」を実践するには、調理員や学級担任、養護教諭を始めとする教職員の理解と協力が不可欠である。特に、学校運営の中に「食に関する指導」

を定着させるには、学校組織のトップである校長の食への理解やリーダーシップ性が大きく影響すると考える。

　給食管理にしても、「食に関する指導」にしても、学校栄養職員の基礎資格である栄養士としての資質が大きく関わる。資質向上には、学校栄養職員個々人の研鑽が必要なのはいうまでもないが、栄養士免許を取得するまでに受けた教育も重要な鍵となる。これについてはⅥで述べる。

　本章は、「BSE発生以降の学校栄養職員に求められる能力」『学校給食におけるBSE問題と地元産食材料使用に関する実証的研究』(2003～2005年度科学研究費補助金研究成果報告書・研究代表者佐藤信) を大幅に加筆修正したものである。

注)
1)「食に関する指導」は、1997年9月の保健体育審議会答申で使われて以来、学校現場に定着した言葉である。この答申は、文部大臣諮問 (1996年12月)「生涯にわたる心身の健康保持増進のための今後の健康に関する教育及びスポーツの振興のあり方について」を受け、学校給食のあり方に触れている。『食に関する指導参考資料』(文部科学省) によれば、「食に関する指導」を用いる理由を以下のように説明している。

　　「平成9年9月の保健体育審議会答申においては、生涯にわたる心身の健康を保持増進する観点から、様々な内容の提言を行っています。特に、健康の大切さを認識できるようにするとともに、心の健康の問題、近年における食生活をはじめとする生活習慣の乱れ、生活習慣病などの健康問題に適切に対処するためには、早い時期からヘルスプロモーションの考え方を生かした健康教育を推進することの必要性が指摘されています。その中で、『栄養教育』に代わって、食生活全体にわたる『食に関する指導』が用いられるようになりました。」文部科学省『食に関する指導参考資料』東山書房、2001年、8頁。

2)「学校給食衛生管理の基準」はⅠ総則、Ⅱ学校給食施設・設備、Ⅲ学校給食関係者、Ⅳ献立、Ⅴ学校給食用食品の点検、Ⅵ食品の購入、Ⅶ食品の研修・保管等、Ⅷ調理過程、Ⅸ配送・配食、Ⅹ検食・保存食等、Ⅺ衛生管理体制、Ⅻ定期、臨時及び日常の衛生検査、ⅩⅢ雑則、ⅩⅣ従前の通知の廃止、からなる。さらに2003年3月31日付で衛生管理を一層充実させるために一部を改訂した。改訂点は、学校給食実施者の責任の明確化等、学校給食用機械・器具の十分

な洗浄及び消毒の徹底、学校給食従事者等の健康管理の徹底、食品の適切な温度管理、二次汚染の防止、検食・保存食の徹底である。
3) 2005年8月、北海道網走管内学校栄養職員への聞き取りによる。
4) 「学校給食における食事内容について」の三つめの項目「学校給食の食事内容の充実等について」の中で「②食物アレルギー等を持つ児童生徒等に対しては、学校医、校長、学級担任、学校栄養職員等が密接に連携して学校内の体制等を整備し、できるだけ一人一人の児童生徒等の健康状態や個人差を把握しながら、個に応じた対応を行うことが大切であること」と示している。
5) 『北海道新聞』2004年2月2日付。
6) 「食物アレルギーに関する最新のお知らせ」日本ハム株式会社研究所のホームページ（http://www.food-allergy.jp/info/news.html）。
7) 1988年、札幌市でそばアレルギーの児童が給食のそばを食べ、帰宅途中、嘔吐物を気管につまらせて死亡した。母親は学級担任に児童にぜんそくの持病があること、そばを食べると具合が悪くなることを話していた。学級担任は母親に対して、給食にそばが出るときは、おにぎりやパンを持たせるように要請していた。しかし事故当日、児童はそばの代替えを持参していなかった。そばを食べていいかと児童に聞かれた学級担任は、食べないようにいったが児童は食べてしまい症状が出た。母親に連絡し児童を帰宅させることになったが、学級担任は一人で帰してもよいと判断し、養護教諭にみせずに帰宅させてしまったため、事故が発生した。学校給食ニュースのホームページ（http://www1.jca.apc.org/kyusyoku/atopi/data2.html）。
8) 北海道網走管内B小学校ではO-157食中毒事件を境に牛肉を使わないことにした。2005年2月の給食だよりにビビンバはあるが、使用しているのは豚肉である。
9) 北海道滝川市では5か所の給食施設でアスベストが使われていた回転釜が見つかった。『北海道新聞』2005年9月6日付。福岡県行橋市と勝山町の学校給食センターでは、1979年に導入した連続炊飯器の扉部分の断熱材としてアスベストが使われていた。『朝日新聞』2005年10月6日付。
10) 「学校給食と食材料調達」に関する研究会『学校給食と食材料調達』北海道大学大学院農学研究科農業市場学研究室、1999年、23頁。
11) 「学校給食と食材料調達」に関する研究会『学校給食と食材料調達――「自校方式」の学校給食を対象として――』北海道大学大学院農学研究科農業市場学研究室、2001年、20頁。
12) 同上、30頁。
13) 金田雅代「いま学校栄養職員に期待されるもの――「栄養教諭」創設に向けて――」『学校給食』全国学校給食協会、2004年4月号、30頁。
14) 文部科学省が発表した「平成14年度　食に関する指導の実施状況」によれば、

「学校栄養職員による食に関する指導形態」でティーム・ティーチングは小学校43%、中学校19%、特別非常勤講師は小学校10%、中学校5％の実施率である。
15) たとえば、かぼちゃを使った献立はじゃがいも同様、カレー、コロッケ、サラダなどが定番だが、大学かぼちゃ、かぼちゃとなすの揚げ煮、かぼちゃと豚肉の照り煮といったメニューを出している学校給食もある（1999年1月に実施した、北海道内の共同調理場を対象とした食材料調達に関する調査の回答による）。

V センター方式は本当に悪いのか

1. センター方式批判の背景

　学校給食の運営形態をめぐる議論、自校方式かセンター方式かという議論が白熱したのは、1983年の臨調（臨時行政調査会）第三部会（亀井正夫会長）「学校給食の整理・合理化についての提言」に端を発する。その後臨時教育審議会第二次答申（1986年4月）では学校給食廃止の検討案が打ち出された。こうした学校給食運営の合理化を一気に進めようとする行政改革に反対する動きの一つが、センター化批判であった。

　センター方式による給食の問題点として、まず安全性が挙げられていた。食中毒の発生や異物混入の危険性である。また、大量調理で運搬にも時間がかかるため、冷凍食品や加工食品を多用し、献立の工夫が少なく、冷めていておいしくないという調理の質の低さも指摘されていた。

　しかし、脱脂ミルクとコッペパンで始まった草創期と比較すると、また、1980年代の臨調行政改革時代と比較しても、現在の学校給食は隔世の感がある。今や献立内容は豊富で、バイキング形式、セレクトメニューも行われ、多種多様な食事内容になっている。その反面、学校給食の問題点[1]が指摘され、「無国籍で脈絡のない献立」との批判[2]も相変わらず存在する。

　食育基本法の議論においても「センター方式の給食には冷凍食品や加工品が使われ、まずい」という指摘があった[3]。だが、センター方式に対する批判、逆に自校方式に対する信頼は本当に正しいのだろうか。

センター方式でも既製の加工食品をなるべく使わず、手作りを心がけているところもあれば、反対に自校方式でも既製の加工食品を利用している給食もある。地元産食材料を学校給食に使用する動きが高まっているが、自校方式の方がセンター方式よりも地元産食材料の利用率が高いわけではない。センター方式・自校方式等の運営形態に関わらず、むしろ、与えられた厳しい条件のなかで、学校栄養職員としての力量を充分に発揮し、子どもたちにおいしい給食を提供している事例も数多い。

　給食の味や地元産食材料利用の評価は、学校栄養職員や関係機関の努力の結果なされるものであって、単純な運営形態の二分割で判断することはできない。そもそも、センター方式＝大人数、自校方式＝少人数という先入観が誤ってはいないだろうか。

　そこで、本章では、センター方式における学校給食の実態を北海道の事例を中心に見ていく。次に、運営形態や学校栄養職員の違いによって、献立内容にどのくらい違いがあるのかを検証し、より良い学校給食を提供するための条件を考えてみたい。

2. センター方式における学校給食──北海道の事例を中心に──

（1）帯広市の学校給食

　手元に1冊の本がある。大間知啓輔『学校給食その実態と改革』[4]（ありえす書房、1986年）である。序章は「ある凄絶なる実験」というタイトルがつけられ、北海道帯広市学校給食センターの報告から書き始められている。大間知が北海道の現場に飛び込んでリポートしたのは1985年11月のことである。帯広市学校給食センターは古いセンターを更新した（1982年）ばかりで、当時24,500食を供給する日本一のマンモス給食センターであった。給食関係の人件費を3億円削減し、低賃金の調理員が工場のようなセンターで給食を作り、その給食の質が低下していると報告している（同書17〜47頁）。帯広市が「凄絶な実験」をしているという評価なのである。

帯広市の学校給食センターは、1964年12月に完成し、翌1965年にスタートした[5]。帯広市の児童生徒数を見ると、1970年は18,539人、1982年には23,316人と増加している。しかし、1990年代以降人口は減少し、児童生徒数も20,853人（1990年）から、18,859人（1995年）、17,000人（2000年）、15,000人（2005年）と減少している[6]。

 大間知は、帯広市が農村に囲まれていても朝とれた野菜の調理は夢、「近くにさけがとれる十勝川が流れていても、子どもにおいしいさけの焼物をさしあげられないで、えたいのしれぬハンバーグをさしあげるなんて、帯広市の子どもは悲しい」と書いた（同書42頁）。「凄絶な実験」から20年が経過した。その帯広市学校給食センターでは、1983年より、「ふるさと給食週間」と名づけ、十勝産食材料を中心にした献立を5日間続ける企画を立てた。これは、学校給食センター新築の翌年から実施されている。新築に伴い、施設・設備の整備が進み、多様な献立作成が可能になった。献立面での特徴は、①あずきごはん、ビーンズシチュー、煮豆、あずきと豚肉の五目煮など十勝産の豆類利用が多いこと、②十勝牛を用いた献立が多いこと、③ハム・ソーセージ、乳製品、大豆加工品も原材料は十勝産で、地元製造者のものを利用していること、④魚介類は広尾沖など十勝管内で水揚げされた鮭、かに類、つぶなどが使用されていること、である[7]。

 帯広市は、1995年から「農業理解促進対策事業」という事業を導入し、帯広産の減農薬・有機栽培による農産物を給食に提供する試みを行った。これは、帯広市農林課が中心になって実施したものである。初年度に提供された野菜類は、グリーンアスパラガス、チンゲンサイ、ごぼう、人参、大根、ミニトマト、カボチャ、じゃがいも、小豆の9種類である。この事業の一環として「収穫体験学習」を実施した。児童が実際に畑に入り、アスパラガスやじゃがいもの収穫を体験するものである。さらに、児童が体験した畑の生産者を学校に招き、学校給食を食べながら交流する「交流給食会」も行っている。市内産農産物を活用し、生産者との交流から、より地元農業を理解させる取り組みが展開している。

1999年には納入野菜の7割以上が帯広市を含む十勝管内からのものである。大規模のセンターはその規模を生かし、可能な条件を探りながら、当事者たちは努力してきたのである。ということは、大間知が調査した1983年頃から地元産食材料を取り入れる活動を始めていたことになる。おそらく、開始当初で献立全体への広がりが弱かったか、大間知が見逃していたのであろう。いずれにせよ、かつての「加工食品使用のエサ工場」という汚名は過去のものとなっている。大規模センターにおいても、やり方によっては、地元産食材料の使用は不可能ではない。「朝とれた野菜の調理は夢」ではないのである。しかし、その実現には、学校栄養職員の増員、行政、農協等関係機関との協力があって可能となったことは強調して良い。

(2) 北海道におけるセンター方式の実態

　センター方式＝大人数という先入観が誤っていることを、北海道を事例に見ていこう。北海道内にはセンター方式による学校給食は212か所ある。児童生徒数による規模の大きさを表Ⅴ－1にまとめた。

　北海道で最も大きなセンターは、帯広市学校給食共同調理場で、次いで1万食以上作っているのは苫小牧第1学校給食共同調理場である。さらに、千歳市学校給食共同調理場、江別市学校給食センター、岩見沢市立学校給食共同調理所と札幌市近郊の中都市の学校給食が続く。

　反対に、北海道の最も小さいセンターは、羽幌町天売地区学校給食センターと羽幌町焼尻地区学校給食センターで、児童生徒数はいずれも23である。この二つは、留萌沖にある天売島と焼尻島の学校給食である。続く小規模のセンターは、夕張市、紋別市、神恵内村などかつての炭坑の町であったり、農山漁村の僻地である。北海道においては、児童生徒数が100に満たない小規模のセンターはざらにある[8]。

　一方、自校方式の学校給食は札幌市、旭川市等において実施されているが、これらの市は親子方式である。親子方式とは、親である学校で給食を作り、子の学校に運搬する方式である。自校方式とはいえ、学校栄養職員は親の学

表Ⅴ－1　北海道における大規模センターと小規模センター

	センター名	児童生徒数
1	帯広市学校給食共同調理場	15,378
2	苫小牧第1学校給食共同調理場	10,437
3	千歳市学校給食共同調理場	8,533
4	江別市学校給食センター	7,003
5	岩見沢市立学校給食共同調理所	6,969
～	～	～
207	夕張市夕張小・夕張中共同調理場	58
208	神恵内村学校給食共同調理場	58
209	紋別市元紋別地区共同調理場	52
210	夕張市幌南小・幌南中共同調理場	42
211	羽幌町天売地区学校給食センター	23
212	羽幌町焼尻地区学校給食センター	23

資料：北海道教育庁生涯学習部スポーツ健康教育課『北海道の学校給食（平成16年度）』より作成。
注：児童生徒数、センター名は2004年5月現在のものである。

校に勤務し、子の学校を兼務する形態である。だから、自校方式でも子の学校には学校栄養職員は常駐していない。

　少子化に伴う児童生徒数の減少に加えて、北海道札幌圏以外は過疎化の進行が深刻である。北海道は都府県と比較し著しく人口密度が低く、僻地や離島の学校給食は切実な問題を抱えている。センター方式による学校給食が大規模で、反対に自校方式のそれが小規模とは必ずしもいえない。

　また、センター方式ならば、児童生徒と学校栄養職員との結びつきが浅く、自校方式は、その結びつきが深いとは限らない。配送に時間がかかるので、食事が冷めるという考えも保温容器等の開発により過去のものとなっている。

3. 献立作成に見る学校栄養職員の力量

　では、センター方式よりも自校方式の方が献立内容が良いのだろうか。結論からいえば、献立内容は運営形態ではなく、学校栄養職員の力量によるところが大きい。

　表Ⅴ－2は、北海道北見市の中学校給食導入をめぐる議論の中で使われた

表Ⅴ-2　自校方式とセンター方式の献立比較（2001年5月21日～25日）

	月	火	水	木	金
A	揚げパン 焼きうどん りんごサラダ	五目ご飯 みそ汁 シューマイ たくあん	ナン カレー煮 フルーツヨーグルト 和え	おにぎり 冷しソーメン イカリング揚げ オレンジ	親子丼 チーズ入りハンバーグ もろきゅう
B	麦ご飯のカレーライス 福神漬 オレンジゼリー	バターフランスパン 海老と白身魚 のチリソース チーズスープ 果物	ご飯、ふりかけ 豆腐のみそ汁 焼き肉 もやしソテー ミニトマト	メロンパン 八宝菜 果物	ミニクロワッサン 和風スパゲティ コロコロサラダ
C	メロンパン イカのレモンソース 白玉雑煮 果物	カレーライス シソの実 マロニースープ いちごヨーグルト	黒パン、蜂蜜 マロニースープ 鶏のハーブ焼き マッシュポテト トマト	ご飯 みそ汁 ホッケフライ キャベツ ふりかけ	おにぎり かき揚げうどん もやしのお浸し
D	ご飯 澄まし汁 変わりきんぴら 鯖の味噌焼き ミニトマト	ご飯 豆腐とえびの中華 いため ごぼう鶏肉巻き 中華サラダ	ご飯 すき焼き 五目厚焼き玉子 ほうれんそうのお浸し	バターパン ポークビーンズ 胡瓜モヤシ赤ピーマンの三色和え ごまパン	ご飯 味噌おでん ほうれん草ともやしの辛子和え さわらの照焼き
E	ご飯 キノコのみそ汁 トラウトサーモン ウィンナーと野菜のアーモンド和え	五目うどん 菜飯おにぎり つくねぐし りんご1/4個	ご飯 白菜のみそ汁 サンマのごま揚げ 細切りポテトサラダ	ソフトフランスパン コーンポタージュ 海老グラタン キウイ1/2個 蜂蜜	カレーライス ツイストマカロニサラダ ミルクたっぷりプリン

資料：2001年8月7日開催の北見市議会総務教育常任委員会の配布資料より作成。
注：すべてに牛乳がつくが、表には載せていない。

資料[9]である。運営形態の異なる5か所の献立を比較した。ABCDEのうち3つが自校方式の給食で、1つが直営のセンター方式、1つが委託のセンター方式による給食である。

この献立表を見て、どれが自校方式でどれがセンター方式による献立か分かるだろうか。Aの金曜日の献立を見ると、親子丼にすでに卵や鶏肉が入っているはずなのに、チーズ入りハンバーグがおかずになっている。Bの木曜日の献立は、メロンパンと八宝菜。この組み合わせは「無国籍で脈絡のない献立」といわれてもおかしくない。おにぎりとうどん、パンとうどんのように、一見して炭水化物の組み合わせである献立は、A（月曜日と木曜日）、C（金曜日）、E（火曜日）と頻繁に見られる。Dの献立はそれほど違和感がない。正解は注）の[9]に記したので参照してほしい（100頁）。

Ⅴ センター方式は本当に悪いのか

表Ⅴ-3 2000年と2003年5月第3週の献立比較

	2000年	2003年
月	肉団子カレー、福神漬、フルーツカクテル	ごはん、中華スープ、◆油淋鶏(ユーリンチー)、ミニトマト(2こ)、菜の花ふりかけ
火	醤油ラーメン、キャベツとツナのドレッシングあえ、ひじき入り春巻き	ごはん、◆●ポークビーンズ、れんこんのはさみあげ、◆ひじきのサラダ
水	ごはん、ふりかけ、蝦仁豆腐、野菜コロッケ、ソース、甘夏柑	コッペパン、●ホワイトシチュー、アスパラソテー、パイン(→南瓜もちの原料の南瓜は、C産です)
木	あんパン、かにの卵とじ汁、鶏肉とナッツのソテー、黄桃	手巻きごはん(ごはん、さけカツ、てまきのり、しょうゆ)、豚汁、ツナ和え
金	ごはん、じゃがいもと玉ねぎのみそ汁、栄養きんぴら、鮭のフライ、チーズケーキ	スパゲティミートソース、かにシューマイ(2こ)、コーンソテー

資料:北海道C市の共同調理場発行「給食だより」より作成。
注:1)◆印は新献立、●印は「牛乳・乳製品(バターを除く)」を使用している献立の意味である。
　2)食材料の産地などの情報は、下線部をつけて説明を加えている。
　3)すべてに牛乳がつくが、表には載せていない。

　表Ⅴ-3は、北海道C市共同調理場の2000年と2003年の同時期の献立を比較したものである。この施設は昭和40年代前半に建てられ、老朽化が進んでいる。ドライシステムではなく、主要設備についても決して充分とはいえない。ところが、2000年と2003年の献立表を比較してみると、いくつかの違いがあることに気づく。これは、学校栄養職員の異動に伴い、献立作成者が代わったことによる変化である。

　「給食だより」を基に、献立内容を比較してみると、まず、2000年は、既製品のデザートの頻度が高いことが分かる。フルーツカクテル、甘夏柑、黄桃、チーズケーキと火曜日以外は、果物を含め何か甘いものが出ている。一方、2003年では、パインが水曜日に出ただけである。子どもの昼食として甘いデザートよりもしっかりとしたおかずが大事だと新しい学校栄養職員は考えているのである。

　週に3日のご飯類、残る2日はめん類かパン類という主食のパターンには変化はないが、パンもくるみパン、コッペパンなどをなるべく取り入れ、甘い菓子パンの頻度を押さえている。また、新しい料理を積極的に献立に取り入れたり、食物アレルギー児対応のため、牛乳・乳製品の使用が分かるようにしている。

また、教員や子どもたち、保護者に提供される情報量にも大きな差がある。毎月、配布される給食だよりは、給食に関する貴重な情報源であり、B4サイズの用紙1枚に作成されることが多い。2000年の方は料理名を並べただけのものである。一方、2003年の方は●印や◆印、下線を用い、情報提供をしている。地元産の農産物の何をどの料理に用いたか、給食だよりを通して伝えている。

　2000年以前からC市に勤務しているある教諭は、学校栄養職員の異動によってずいぶん給食が良くなったと評価する。以前は学校栄養職員の顔も知らなかったが、異動に伴い新しい担当者は、教諭の給食に関する感想や意見に耳を傾けるし、「食に関する指導」も実施されるようになったという[10]。

　つまり、学校栄養職員の工夫、努力ひとつによって、献立内容、食物アレルギー児対策、提供する情報量等に大きな改善、充実が可能なのである。

4. 大事な学校栄養職員の力量

　以上の検討から、自校方式だから優れた献立が提供できるのでもなく、センター方式だからまずいのでもないことが明らかになったと考える。

　上述したことに加え、調理手段、すなわち施設・設備条件も献立内容に大きな影響を与える。たとえば、回転釜の容量や数によって調理できる料理の種類は限定されるし、焼き物機がなければそもそも焼き物を調理することはできない。また、食器でいえば、給食に用いる食器は種類が限られているので、どんぶりがなければ1食分のめん類を盛りつけることができず、不足する炭水化物をおにぎりやパンで補うという献立になってしまう。何度も繰り返すが、献立の良し悪しを、運営形態だけに求めるのはまちがっているのである。

　限られた条件のなかで、どれだけおいしい給食を提供できるかどうかは、実のところ「人」の問題であることが多い。一番大きいのは、学校栄養職員の献立作成能力であろう。学校給食を「食に関する指導」の生きた教材にす

るのならば、子どもたちがおいしいと感じて食べるものでなければ効果はない。施設・設備、予算等の限られた条件の中で、どれだけおいしい給食を提供することができるか、それは学校栄養職員の献立作成能力にかかっているといっても過言ではない[11]。

注）
1) たとえば、小泉武夫は、噛む必要のない給食のまずさや洋食化したメニューの傾向を指摘している。小泉武夫『不味い！』新潮文庫、2006年、62〜67頁。
2) 島田彰夫は、学校給食には「普通の食事では考えにくいような不思議な組み合わせがよく見られ」、「栄養素を満たすための無理な組み合わせになってい」るという。島田彰夫『伝統食の復権』東洋経済新報社、2000年、71頁。
3) 第162回国会内閣委員会において、円より子、西川京子らは、学校給食の運営形態に関する質疑をしている。簡単にまとめると、センター方式による学校給食が増えているが、食育を推進していく上では自校方式に戻すべき、という意見である。自校方式の方がセンター方式と比較して給食の質が優れているという論調はいわゆる革新系とされる国会議員だけでなく、一部自民党の議員にも見られる。
4) 序章は「日本最大の北海道帯広市学校給食センターからの報告」である。以下、第一部「センター給食」、第二部「臨時調理員化・民間委託化と行政改革」、第三部「学校給食の改革のすすめ」で構成されている。
5) 帯広市史編纂委員会編『帯広市史』1984年、783頁。千人用の煮炊き釜9基、6千人用1基で、ひとつの釜を1日数回使用することによって2万食以上を供給してきた。
6) 北海道統計協会『北海道市町村勢要覧』及び北海道教育庁生涯学習部スポーツ健康体育課『北海道の学校給食』による。
7) 詳細は、河合知子他『学校給食の方向性と地域農業に関する実証的研究』1998〜2000年度科学研究費補助金（基盤研究(C)(2)）研究成果報告書を参照されたい。
8) 北海道が特殊な状況なのではない。都府県の離島や僻地においても、小規模センターは存在する。たとえば、岩手県の場合、200食程度の小規模センターは、大船渡市日頃市や宮古市重茂地区など三陸海岸部に位置する。岩手県学校給食センター協議会『平成15年度岩手県市町村学校給食センター（共同調理場）概況調査書』。
9) 2001年8月7日、北見市議会総務教育常任委員会において「北見市行財政改革を考える市民の会」が用いた資料の一つである。北海道北見市は、小学校のみ自校方式による学校給食を実施していたが、中学校においても学校給食

を実施することになり、その運営形態について議論していた。自校方式に賛成する委員もセンター方式が良いという委員も、ABCDEのうちどれが自校方式の献立なのか正確に答えた人は少なかった。正解は、ABCが北見市内小学校の自校方式による献立、Dは北海道網走管内の直営センターによる献立、Eは北海道石狩管内の委託センターによる献立である。

ちなみに、北見市の中学校における学校給食は、2003年4月、民間委託による共同調理場（センター方式）で開始された。

10) 2005年6月28日、C市内小学校教諭からの聞き取りによる。
11) 加えて、現在の学校給食運営に大きな影響を及ぼすのは、自治体の財政力や合併問題など外的要因によるものも大きい。

VI 栄養士教育に問われるもの

1．傷病者対象に傾斜する栄養士教育

　管理栄養士の制度ができて40余年経った。1987年の第1回国家試験実施以降、管理栄養士登録数は増加し、2005年には、その総数（累計）が12万人を超えた[1]。

　管理栄養士・栄養士養成校の卒業生は、毎年約1万8千人であり、そのうち4千人は管理栄養士養成課程の卒業生である（2004年度）。管理栄養士養成校も1985年度の28校から30校（2000年度）、31校（2001年度）、33校（2002年度）、41校（2003年度）、50校（2004年度）と増加している。猫も杓子も管理栄養士養成課程に向かっているといって良い。

　一方、栄養士養成課程を卒業後、栄養士として実務についた場合は、一定期間の実務経験を経て国家試験[2]に合格し、管理栄養士の資格を得ることができる。

　いずれにしても、栄養士として働くからには管理栄養士の免許が必要という認識を持つ関係者が多い。「高度な専門的知識及び技能を持った資質」を身につけた管理栄養士の資格取得は、栄養士として働く以上、当然のことという風潮がある。特に医療機関ではその傾向が強い[3]。そして、栄養士業界全体が、傷病者を対象とする管理栄養士の養成こそが栄養士の発展方向と信じて疑っていない（ように筆者には見える）。

　筆者は、栄養士業界すべてがこの方向に進むことに疑問を持っている。と

いうのはこういうことである。

　栄養士の職域は病院だけではない。学校、工場・事業所、福祉施設、地域等多様である。管理栄養士の業務の一部として「傷病者への栄養指導を明確化し」とあるが、傷病者を対象とする病院の栄養士養成に力点を置く管理栄養士養成教育が、他の職域の栄養士にとっても「高度な専門的知識及び技術」なのだろうか。一次予防[4]が大事といいながらも、対象者の生活を丸ごと把握する能力が欠落し、栄養士は結局のところ「栄養素士」、管理栄養士は「管理栄養素士」であるとの批判[5]に反論できないのではないか、と危惧する。

　また、病院での業務を重視する管理栄養士教育のあり方を、今一度見直さなければ、近い将来、当事者が「自分たちは専門家だ」といくら主張しても社会的に認知されない職業として定着するのではないか、と考える。

　特に、2002年以降の管理栄養士養成教育は、二つの大きな矛盾を抱えながらの教育内容になっているのではないか。

　一つは、臨床栄養分野に強い、医療職としての管理栄養士養成をしながらも、卒業生の就職・進路先としては医療機関は実は少ない、という矛盾である。

　二つは、対象者の生活をトータルに把握することにより効果が期待できる仕事であるのに、国家試験合格を目指すがための、ともすれば短絡的な管理栄養士養成の内容になってしまっている矛盾である。

　本章では、まずこの二つの矛盾を検証する。次に、栄養教諭免許取得のための教育内容を検討し、養成上何が課題になるのかをまとめる。

2. 栄養士の就職先

　管理栄養士養成課程のカリキュラムは、2002年4月から現行のものに改正された。カリキュラム改正の基本的な考え方は、「管理栄養士が果たすべき多様な専門領域に関する基本となる能力」や「管理栄養士に必要とされる知

Ⅵ 栄養士教育に問われるもの

表Ⅵ-1 新カリキュラムの教育内容と単位数

教育内容		単位数	
		講義又は演習	実験又は実習
専門基礎分野	社会・環境と健康	6	10
	人体の構造と機能及び疾病の成り立ち	14	
	食べ物と健康	8	
専門分野	基礎栄養学	2	8
	応用栄養学	6	
	栄養教育論	6	
	臨床栄養学	8	
	公衆栄養学	4	
	給食経営管理論	4	
	総合演習	2	
	臨地実習		4

識、技能、態度及び考え方の総合的能力を養う」としながらも、「チーム医療の重要性」を謳ったものである。「臨床栄養を中心とした専門分野の教育内容の充実、演習や実習の充実強化を図る」ものとなった[6]。

新カリキュラムは、専門基礎分野と専門分野に分けて構成されている。教育内容と単位数を表Ⅵ-1にまとめた。専門基礎分野は、いずれも健康とのつながり、疾病との関連を重視する教育内容である。専門分野も、専門基礎分野を土台にしている。これらを見ると、保健医療健康サービスの担い手としての管理栄養士養成に重点が置かれていることが分かる。関係者らのいう管理栄養士の「高い専門性」、「高度な専門知識・技能」は傷病者の療養のための知識や技能のことなのである。

充実強化を図った部分があれば、当然、逆の部分が出てくる。関係者の多くは充実強化分野の評価をするものの、弱化した分野については多くを語らない。

どの分野が弱まったか、かいつまんで述べる。一つは、必修科目であった調理学が「専門基礎分野」の区分中の「食べ物と健康」（8単位）の中に組み込まれたことである。旧カリキュラムでは、調理学は5単位以上の単位数で、履修方法は講義又は演習2単位以上及び実験又は実習3単位以上であった。新カリキュラムでは、「食べ物と健康」に組み込まれたため、科目名から「調理学」が消えた。調理学は献立作成能力を育てる上で基礎的な学問分

野である。病院であろうが、福祉施設であろうが、学校給食であろうが、調理の基礎を理解し、料理の種類をどれだけ多く知っているかが献立作成能力に大きな影響を与える。調理学は、栄養士としての土台をなす学問分野であると筆者は考えているが、それがなくなった。

二つは、食品に関する科目の単位数が減少したことである。旧カリキュラムでは、食品学は9単位以上、食品加工学は3単位以上であったが、調理学同様、科目名が消え、「専門基礎分野」の「食べ物と健康」（8単位）に組み込まれた。食品の特性、食品加工の理論と実際など食品に関する知識の修得を軽視しているといわざるを得ない。

三つは、新カリキュラムの教育内容から「食生活論」「食料経済」がなくなったことである。食を生活面から総合的にとらえたり、食料の消費を流通、生産面からとらえようという科目が弱くなった。

2005年に成立した食育基本法の理念に見るように、食環境の変化に伴い、国民一人ひとりが食についての食意識を高めていこうというのが社会の潮流になっている。その中で栄養士の位置が重要視されているのだが、カリキュラムの改正は社会の要請からずれているような気がする。栄養士がどの分野で受け入れられているのか、事実確認をしてみよう。

管理栄養士・栄養士養成校の卒業生がどの分野の栄養士として就職していくのか、表Ⅵ－2に、卒業生総数と栄養士業務の就職者数の推移を示した。

全国の管理栄養士・栄養士養成校は250校前後で横ばいであるのに対して、管理栄養士養成校は、2002年度の33校から2003年度は41校になり、2004年度は50校へと急増している。管理栄養士・栄養士養成校を卒業した総数は2万人弱、栄養士業務に就職する卒業生は徐々に増えているが、半数には満たない状況である。

栄養士としての就職先を分野別に見ていこう。表Ⅵ－3は職域別就職者数の推移である。この20年、官公署、学校に栄養士として就職する人は、実数、比率共に横ばいである。病院の栄養士は1990年代後半から急速に減少し、2000年度は26.3％、2004年度は16.1％と減少している。一方、工場・事業所

Ⅵ 栄養士教育に問われるもの

表Ⅵ-2 管理栄養士・栄養士養成校の卒業生総数と栄養士業務就職者数の推移
(人、校)

年度	卒業生総数(A)	うち管理	養成校	うち管理	栄養士業務就職者数(B)	(B)/(A)×100
1985	19,026	1,331	241	28	5,697	29.9
1990	20,348	1,306	241	26	5,860	28.8
1995	22,278	1,693	251	28	7,774	34.9
2000	19,910	1,742	266	30	7,830	39.3
2001	19,304	1,976	262	31	7,933	41.1
2002	18,783	2,124	257	33	8,072	43.0
2003	17,980	3,127	246	41	8,395	46.7
2004	18,139	4,214	244	50	8,969	49.4

資料:社団法人全国栄養士養成施設協会「就職実態調査」より作成。
注:養成校は「就職実態調査」に回答した回答数である。

表Ⅵ-3 職域別就職者数の推移
(上段:人、下段:%)

	1985	1990	1995	2000	2001	2002	2003	2004
就職者総数	5,697 (100)	5,860 (100)	7,774 (100)	7,830 (100)	7,933 (100)	8,072 (100)	8,395 (100)	8,969 (100)
官公署	118 (2.1)	161 (2.7)	207 (2.7)	173 (2.2)	224 (2.8)	188 (2.3)	129 (1.5)	157 (1.8)
学校	227 (4.0)	307 (5.2)	288 (3.7)	248 (3.2)	239 (3.0)	274 (3.4)	299 (3.6)	281 (3.1)
病院	1,918 (33.7)	2,104 (35.9)	2,408 (31.0)	2,058 (26.3)	1,877 (23.7)	1,755 (21.7)	1,526 (18.2)	1,442 (16.1)
工場・事業所	2,047 (35.9)	1,916 (32.7)	2,446 (31.5)	2,763 (35.3)	2,994 (37.7)	3,069 (38.0)	3,872 (46.1)	4,481 (50.0)
児童福祉施設	413 (7.2)	364 (6.2)	620 (8.0)	918 (11.7)	973 (12.3)	970 (12.0)	1,052 (12.5)	1,078 (12.0)
社会福祉施設	341 (6.0)	394 (6.7)	997 (12.8)	966 (12.3)	992 (12.5)	1,040 (12.9)	973 (11.6)	1,045 (11.7)
きょう正施設	2 (0.0)	20 (0.3)	10 (0.1)	3 (0.0)	12 (0.2)	2 (0.0)	4 (0.0)	4 (0.0)
栄養士養成施設	109 (1.9)	101 (1.7)	73 (0.9)	72 (0.9)	74 (0.9)	57 (0.7)	76 (0.9)	44 (0.5)
調理師養成施設	48 (0.8)	33 (0.6)	40 (0.5)	18 (0.2)	12 (0.2)	19 (0.2)	25 (0.3)	18 (0.2)
その他	474 (8.3)	460 (7.9)	685 (8.8)	611 (7.8)	536 (6.8)	698 (8.6)	439 (5.2)	419 (4.7)

資料:社団法人全国栄養士養成施設協会「就職実態調査」より作成。

の栄養士は、1990年代前半まではやや減少傾向であったが、1990年代後半から増加に転じ、2004年度には50.0%を占めている。児童福祉施設、社会福祉

施設などの福祉施設の栄養士は、1990年代後半から増加している。

工場・事業所の栄養士が増加している背景には、栄養士業務の民間委託化がある。実態として病院勤務であっても、雇用者は病院ではないケースも含まれていると推測できる。病院に勤務する医師や看護師を民間委託の事業所から派遣するケースがほとんどないことを考えると、栄養士業務は当事者が主張するほど「医療職」として認知されているわけではない。

つまり、保健医療サービスの担い手として「高度な専門知識や技術」を養成するカリキュラムとはなったが、栄養士としての就職先を見る限り、新カリキュラムによる教育内容と実践で求められる能力にはねじれ現象が生じているようだ。

3. 深い理解をもたらさない教科書
　　——生活の質（QOL）を素材に——

栄養教諭は管理栄養士であることを基本にしている[7]。ところが、管理栄養士免許保持者であっても、それにふさわしい実力を持っていない管理栄養士が少なくないことを足立は認めている。「管理栄養士の資格を持っているにもかかわらず、管理栄養士として要求されている実力をつけていない人が少なくないという現実です。その実力を高めていくことが、本当に必要なのだということです。」[8]

では、管理栄養士の免許を持っていてもその実力が伴わないのはなぜか。筆者は管理栄養士養成課程の教育、特に教科書と国家試験に問題があると考えている。

まず、管理栄養士養成教育の問題を「生活の質（QOL）」という用語を素材として考えよう。

「生活の質（QOL）」という言葉は、栄養教育論や公衆栄養学で頻繁に使われる用語である。公衆栄養学の教科書には、たとえば以下のようにQOLが使われている。

Ⅵ　栄養士教育に問われるもの

> この健康日本21は、すべての国民が健康で明るく、QOL（quality of life；生活の質）の高い社会の実現を図るために、若年死亡の減少、痴呆や寝たきりにならない状態で生活できる期間（健康寿命）を延ばすことを基本理念として、国民の健康づくりを総合的に推進するものである[9]。

　また、以下に紹介する二見大介編『栄養教育論』（同文書院、2002年）の教科書には、7か所にわたって「生活の質（QOL）」が記述されている。その部分だけグリーンの色つき（以下は太字）にしてあり、重要用語であることを示している。その7か所を記す。

〔1〕まさに、すべての分野において、人々の**生活の質（QOL）**の向上が確保されなければならない時代であり、特に、栄養・食生活にかかわる栄養教育の充実を図ることが不可欠となる（2頁）。

〔2〕さらに、高齢者の栄養問題は死亡率の低下など健康と長寿へ直接関係することであり、栄養教育の展開など栄養施策は高齢社会の**QOL**と人生の生きがいを高めるための基本となる（8頁）。

〔3〕また対象に応じた栄養教育プログラムの作成・実施・評価を総合的にマネジメントできるよう健康や**生活の質（QOL）**の向上につながる主体的な実践力形成の支援に必要な健康・栄養教育の理論と方法を修得する（12頁）。

〔4〕食生活の問題を考える際は、栄養状態、栄養素（食物）摂取レベルで考えるだけでなく、知識・態度・行動面、そして環境面などを総括的にとらえて**QOL（生活の質）**の向上を図ることの必要性をあげている（17頁）。

〔5〕1999年、「第六次改定日本人の栄養所要量」の策定を受け、国民の栄養バランスの偏り、生活習慣病の増加、食料自給率の低下、食料

> 資源の浪費等の問題を考慮し、健康増進、QOLの向上および食料の安定供給の確保という視点から、文部省、厚生省、農林水産省の3省合同により、新たな「食生活指針」が2000年3月策定された（36頁）。
> [6] そのためにも**生活の質**の低下をもたらす生活習慣病を予防することが重要な課題である（108頁）。
> [7] そこで、すべてのライフステージにおいて**QOL**の向上をめざし、健康づくりに取り組んでいくためには、栄養、運動の他に休養を日常生活の中に適切に取り入れられた生活習慣を確立することが重要である（136頁）。

そして、最後の部分（索引の前）に「基礎用語の解説」頁があり、次のように記されている。

> 生活の質（QOL：quality of life）[10]
> 従来「生命の質」と訳されてきたが、最近は「生活の質」と訳されることが多い。生活者の満足度を規定している諸要因の質。

「基礎用語の解説」では、外国から入ってきた言葉らしいと推測できるものの、いつ、どこの誰が何のためにいい出した用語なのかは分からない。日本にはいつ、何を背景にして誰が導入したのかの説明もない。「生活の質（QOL）」を「生活者の満足度を規定している諸要因の質」と説明しては、「AはAである」といっているようなもので、解説になっていない。

本文中の7か所にわたる「生活の質（QOL）」の記述においても、生活の質（QOL）の向上がいかに重要かを力説しているが、そもそも生活の質（QOL）とは何かを著者4人のうち誰一人として説明していない。また、ライフステージのこの段階ではこういう生活の質が問題になるとか、この生活習慣病の患者にはこういう生活の質を望む人が多い、といった具体例の提示

も皆無である。
　さらに、別の教科書には以下のような練習問題が出され、学生の理解を確認する。

> 練習問題[11]
> 　次の文を読み、正しいものには○、誤っているものには×をつけなさい。
> (1)栄養教育の目的は、対象者個人の生活習慣改善によるQOLの向上であるので、環境についてはとくに配慮しなくてもよい。

　これには「重要」マークがついている。正しいか正しくないかを考えればいいのである。QOLとは何か、その言葉の意味や背景を理解したり、自分の頭で具体例をあげながら考える訓練を受けてはいない。生活の質（QOL）の向上において、具体的にどういうことが問題になっているのか、考えることを要求されていないのである。
　学生は、教科書通りの文面を深く理解しようともせず、ただ丸暗記をすれば良しとする教育を受けている。その結果、学生の理解は表面的なものになりがちである。また、思考力、判断力は育たない。こうした管理栄養士養成教育に、「要求されている実力をつけていない」（足立）管理栄養士を養成するひとつの原因があると考える。ちなみに、この練習問題の答は×であるようだ。
　それにさらに拍車をかけているのが、管理栄養士国家試験である。次節で述べる。

4. 管理栄養士国家試験の問題点

　管理栄養士養成教育において、国家試験の合格率は大きな関心事である。国家試験対策に大学をあげて取り組んだり、卒後教育と称して卒業生のための受験対策を企画する。合格率が受験者・入学者数に影響を与えるから、養

成校側も真剣にならざるを得ない。その国家試験の問題点について考える。

(1) 不適切問題の多さ

まず、1番の問題と考えるのは、不適切問題の多さである。不適切問題とは、国家試験終了後に厚生労働省自らが不適切だったと認め公表する場合もあり、関連雑誌等で解説者が解答に迷うほどの出題もある。

第19回国家試験（2005年3月実施）では、厚生労働省健康局総務課生活習慣病対策室が発表した不適切問題は150問中3問であった。そのうちの1問を紹介する。

---

71. 食物アレルギーに関する記述である。正しいのはどれか。
（1つを選択）
(1)非即時型アレルギー反応である。
(2)卵、牛乳、大豆は三大原因食品である。
(3)原因となる特定原材料は、表示しなければならない。
(4)罹患率は、成人より小児の方が高い。
(5)果物は、原因にならない。

アレルギーを起こす可能性のある食物は多い。特に重要性の高いものとして、小麦、そば、卵、乳及び落花生の5品目が特定原材料として指定されており、表示義務があるので(3)が正解になる。また、食物アレルギーの罹患率は、成人より小児の方が高いので(4)も正解である。厚生労働省は、(3)と(4)を正解として採点した。

厚生労働省が不適切と判断した3問以外にも、解説者が「あえて解答するなら」と答えた問題が給食管理分野に9問中4問もあった[12]。そのうち1問を紹介する。

Ⅵ 栄養士教育に問われるもの

> 50．特定給食施設における、食材料の購入先を選定する際に最も優先すべき条件である。正しいのはどれか。
> (1)安い価格で納入する。
> (2)指定した日時より早く納入する。
> (3)生鮮食品の在庫量が多い。
> (4)全てコールドチェーンで納入する。
> (5)店舗、従業員などの衛生管理が行き届いている。

　正解は(5)である。しかし、解説者が「あえて解答するなら」と但し書きがあるのは次の理由である。
　特定給食施設における、食材料の購入先を選定する際には、「(1)安い価格ではなく適切な価格、(2)指定日時に納入するのが原則、(3)生鮮食品の在庫は少ないほうがよい、(4)コールドチェーンに向いていない食材もある、(5)選定条件の１つではあるが、最優先条件とはいえない」[13]からである。

　第18回国家試験（2004年５月実施）においても、臨床栄養学分野の出題で、次のような指摘があった。

> 25．ネフローゼ症候群についての記述である。正しいのはどれか。
> (1)低コレステロール血症が認められる。
> (2)１日３ｇ以上の高度たんぱく尿を呈する。
> (3)血清アルブミン値は上昇する。
> (4)低エネルギー食とする。
> (5)高たんぱく質食とする。

　堀野正治の解説によると、「(1)、(2)、(3)、(4)、(5)のすべての解答肢の記述が誤りと考えられる。国家試験であるので慎重な出題が望ましい」[14]とい

う。『臨床栄養』の解説においても「この問題が診断基準を問うものであれば、この選択肢では持続してるか否か不明なので正解なしとなる。しかし、患者の症状を問う問題と解釈すると、間違いとはいいきれないので、あえて解答するとこの選択肢が正解となる」[15]と解説し、答を(2)としている。

厚生労働省が不適切問題として扱わないまでも、その道の専門家による解説では、「あえて解答するなら」と但し書きをつけざるを得ない問題が毎年のように出題されているのである。

(2) 断片的・クイズ的知識を問う出題

2番めの問題として、断片的知識、クイズ的知識を問うものが多いことである。第19回国家試験の調理学分野に加熱器具の熱伝導率に関する問題が出た。以下に記す。

---

57. 鍋の材質を熱伝導率の大きい順に並べたものである。正しいのはどれか。

(1) 銅 ＞ ステンレス ＞ アルミニウム
(2) ステンレス ＞ アルミニウム ＞ 銅
(3) アルミニウム ＞ 銅 ＞ ステンレス
(4) 銅 ＞ アルミニウム ＞ ステンレス
(5) ステンレス ＞ 銅 ＞ アルミニウム

この解説で市川朝子は「このように熱伝導率を覚えているかどうかだけが問われる出題は検討の余地がある」と暗記力を問う出題をやんわりとだが批判している[16]。

栄養指導論分野で、以下のような問題が出た。

---

13. 学校給食及び学校給食法に示されている目標に関する記述である。正しいのはどれか。

> (1)すべての小学校に学校栄養職員の配置が義務づけられている。
> (2)学校栄養職員が、教員の一人として位置づけられている。
> (3)学校給食法によると学校給食の目標の1つは、食料の生産、配分、消費について理解することである。
> (4)学校給食法によると学校給食の目標の1つは、日本の食文化を学ぶことである。
> (5)学校給食は、栄養指導の教材にはならない。

　学校給食法第2条の学校給食の目標を丸暗記していれば、簡単に答を導くことができる。「私の学校では、職員室に自分の机もあるし、先生と呼んでくれるし、教員として位置づけられている」と考えると正答にはいたらない。学校給食が結果として日本の食文化を学ぶことにつながると考えても同様である。現実にシビアな栄養士が「あんな給食では栄養指導の教材になるわけがない」と思うことは論外なのである。ただ、学校給食法の丸暗記だけで解ける問題である。そこには思考力を求められてはいない。

　総じて、管理栄養士の国家試験は極めてクイズ的である。クイズに答え、基準をクリアするには記憶力の訓練が必要である。深読みは厳禁である。しかも、200問を5時間5分で解答しなければならない[17]。1問を90秒で解くことになるから、条件反射的に考えマークシートを塗りつぶす技術が求められる。そこには、本質的理解を要求してはいない。

5.「栄養に係る教育に関する科目」内容

　学校栄養職員が栄養教諭免許を取得する場合、他の教諭又は養護教諭の免許状を既に所持しているいないに関わらず、「栄養に係る教育に関する科目」2単位ないしは4単位が必要である。表Ⅵ-4に「新規則第10条の3に定める各事項について想定される具体的な内容」を示した。新規則とは「改正規則による改正後の教育職員免許法施行規則」のことを指す。

文部科学省は、新規則第10条の3に定める各事項について想定される具体的内容について2004年6月30日付で通知を出した。それによると、(1)栄養教諭の役割及び職務内容に関する事項、(2)幼児、児童及び生徒の栄養に係る課題に関する事項、(3)食生活に関する歴史的及び文化的事項、(4)食に関する指導の方法に関する事項の4事項である。

　(3)の「食生活に関する歴史的及び文化的事項」をひとつの項目として入れたのは、栄養教諭として食の指導に関わっていく上で重要であるという認識と同時に、従来の栄養士教育においてこの分野が弱点でもあることを示している。

　文部科学省の意図は、「学校の存在している、または子どもたちが学校に通っている地域の中での、食の生産から流通、そして実際にそれが食べられるに至るそのプロセスで、長い時間をかけて培われてきた文化とかやり方、生活の様式とか、そういうことについて十分に理解することなしに、食に関する指導はできない」[18]という意味であると足立は説明する。

　さらに「食文化論を特別にここに入れなさいという意味ではなくて、もっと子どもたちや、子どもたちの生活している地域の行動様式や生活文化とのつながりや、その中の一側面としてのそれについての基本的な理解が必要である」[19]と力説する。

　裏返せば、管理栄養士・栄養士養成課程における「食文化論」は、「特定地域のめずらしい食の紹介」をし、「子どもたちが日々食べているものや、その食べ方などをしっかり踏まえ」た上で教育できる能力を養成するものではないことを図らずも示している。

　管理栄養士・栄養士養成課程において、傷病者対象に傾斜した栄養知識を身につけた学校栄養職員が、表Ⅵ-4に示した内容の2単位ないしは4単位を修得しただけで、栄養教諭としての資質が身につくかは大きな疑問である。

　自分の担当する学校の周辺、その地域に暮らす住民の食生活の特徴や行動様式を把握し、問題を見出し解決方向を模索していくには文化的視点だけでは不可能である。家族環境、保護者の労働条件・年収、住宅事情・台所の設

Ⅵ　栄養士教育に問われるもの

表Ⅵ-4　新規則第10条の3に定める各事項について想定される具体的な内容

(1) 栄養教諭の役割及び職務内容に関する事項
　○児童及び生徒の栄養の指導及び管理の意義
　○児童及び生徒の栄養の指導及び管理の現状と課題
　　（児童及び生徒の食事に関する実態把握、分析等に必要な事項を含む）
　○栄養教諭の職務内容、使命、役割
　○学校給食の意義、役割等
　○児童及び生徒の栄養の指導及び管理に係る社会的事情
　○児童及び生徒の栄養の指導及び管理に係る法令及び諸制度

(2) 幼児、児童及び生徒の栄養に係る課題に関する事項
　○児童及び生徒の栄養に係る諸問題（国民の栄養をめぐる諸事情の理解を含む）

(3) 食生活に関する歴史的及び文化的事項
　○食生活に関する歴史並びに食事及び食物の文化的事項

(4) 食に関する指導の方法に関する事項
　○食に関する指導に係る全体的な計画の作成
　○給食の時間における食に関する指導（地場産品の活用含む）
　○教科における食に関する指導（家庭科、技術・家庭科）
　○教科における食に関する指導（体育科、保健体育科その他教科）
　○道徳、特別活動における食に関する指導
　○生活科、総合的な学習の時間における食に関する指導
　○食物アレルギー等食に関する特別な指導等を要する児童及び生徒並びに他の児童及び生徒への指導上の配慮
　○実践演習（食に関する指導の指導案作り）
　○実践演習（学生が作成した指導案の発表、相互批評等）
　○実践演習（模擬授業、指導効果の評価）
　○学校、家庭、地域が連携した食に関する指導

資料：文部科学省スポーツ・青少年局長、初等中等教育局長通知（2004年6月30日）

備や備品の状況、食材料の調達環境等食に関わるあらゆる視点を総動員して問題把握に努める必要がある。「食生活に関する歴史的及び文化的事項」だけでなく、対象者の食生活問題を的確に把握するための総合的視点が求められる。そうした訓練が管理栄養士・栄養士養成課程においても必要なのである。

6. 栄養教諭養成のための課題

　栄養教諭がその能力を十分発揮し効果を上げるには、「生きた教材である学校給食を最大限に活用した指導」がキーポイントになる。それには、学校給食そのものが教材となり得るような給食提供が大前提である。

　Ⅳで紹介したが、学校栄養職員は徹底した衛生管理に加え、地元産食材料を使用した献立作成が要求されるようになっている。地元産食材料の生産に関する知識と理解、それらの流通システムなど、少なくとも現行のカリキュラム以前には必修科目として存在した食料経済学分野の教育は基礎的教養として必要であろう。また、地元産食材料の調理方法・調理の特性、食品の特性等の理解の深さが、おいしい給食の提供や生きた教材としての活用につながるであろう。献立作成力の基礎となる分野の調理学、食品学を軽視してはならない。管理栄養士を目指す学生であっても、調理に関する能力は低下してきている昨今の状況を考えるとなおさらのこと強化する必要がある。

　「食に関する指導」では、対象者の食に関する問題を把握し、解決のためにはどうしたらいいのか問題解決能力が求められる。つまり、条件反射的な思考ではなく、物事の本質を理解する能力であり、機械的な記憶力ではなく総合的な判断力を訓練する必要がある。

　学校栄養職員のなかには管理栄養士の資格を得るために、睡眠時間を削って受験勉強をしている人が多い。栄養士業界では、管理栄養士の資格がなければ一人前扱いされないことが多いからである。仮に、管理栄養士国家試験に不合格になろうとも、職務を果たせる資質がないと自信を喪失してしまわないことが賢明であろう。

注）
1 ）厚生労働省健康局総務課生活習慣病対策室資料による。2001年には101,386人の総数（累計）であった。以後毎年5千人程度の免許取得者数があり、2005年には122,806人になった。但し、死亡者数等が引かれていないため、この数

Ⅵ　栄養士教育に問われるもの

字は必ずしも現状を表しているとはいえない。
2 ）2000年に栄養士法の一部が改正され、管理栄養士国家試験の受験資格が改定された。改定のポイントは、①管理栄養士の業務の一部として傷病者への栄養指導を明確化すること、②管理栄養士の資格を登録制から免許制にすること、③受験資格の見直しで「専門知識や技能の一層の高度化」を図ることである。管理栄養士が保健医療サービスの担い手として、その役割を十分に発揮するためには、高度な専門的知識及び技術を持った質の高い管理栄養士の養成が必要ということである。
3 ）法的に管理栄養士の配置が必要なのは保健所である（健康増進法第18条1項）。病院では、100床以上で栄養士1名の配置である（医療法施行規則第19条5項）。しかし、「病院栄養士は管理栄養士でなければならない」背景には、診療報酬制度があり、管理栄養士の配置や栄養指導により点数加算が可能である。
　　高齢者福祉施設においても、管理栄養士ではなく栄養士の場合、入所者1名当たりの減額措置がなされる。したがって、栄養士よりも管理栄養士の方が重宝されるという現実がある。
4 ）栄養士業界ではよく使われる用語である。予防には一次予防、二次予防、三次予防があって、一次予防とは病気の発生そのものを予防することである。それに対して、二次予防は、起きてしまった病的状態を早期発見・早期治療することであり、三次予防は重症化した疾患から社会復帰するための行為のことを指す。
5 ）島田は、「栄養士や管理栄養士がかかわってきた仕事を振り返ると、栄養素を取るための食事であるような『指導』がほとんど」と批判する。島田彰夫「食育の動向と食育基本法」『農業と経済』昭和堂、2004年9月号、13～21頁。
6 ）2001年2月の「管理栄養士・栄養士養成施設カリキュラム等に関する検討会」報告書によれば、カリキュラム改正にあたって管理栄養士養成施設の基本的な考え方として、以下の5点を挙げる。(1)管理栄養士が果たすべき多様な専門領域に関する基本となる能力を養うこと。(2)管理栄養士に必要とされる知識、技能、態度および考え方の総合的能力を養うこと。(3)チーム医療の重要性を理解し、他職種や患者とのコミュニケーションを円滑に進める能力を養うこと。(4)公衆衛生を理解し、保健・医療・福祉・介護システムの中で、栄養・給食関連サービスのマネジメントを行うことができる能力を養うこと。(5)健康の保持増進、疾病の一次、二次、三次予防のための栄養指導を行う能力を養うこと。『栄養日本』第44巻10号、社団法人日本栄養士会、2001年、3～12頁。
7 ）管理栄養士の免許がなくても栄養士免許があれば、栄養教諭の道は開かれている。ただし管理栄養士免許保有者が一種免許状もしくは専修免許状であるのに対して、栄養士免許保持者は二種免許状の付与である。

8) 足立己幸「『栄養教諭』とはなにか なにが期待されているか」女子栄養大学栄養教諭研究会編『栄養教諭とはなにか 「食に関する指導」の実践』女子栄養大学出版部、2005年、26頁。
9) 藤沢良知「わが国の健康・栄養政策」藤沢良知編『新公衆栄養学』(二版)第一出版、2003年、100頁。
10) 二見大介編『栄養教育論』同文書院、2002年、161頁。執筆担当は不明。
11) 中山玲子・宮崎由子編『新食品・栄養科学シリーズ 新ガイドライン準拠栄養教育論』化学同人、2004年、15頁。
12) 『臨床栄養』vol.106 No.5、医歯薬出版、2005年5月号、654頁。
13) 同上誌、No.7、2005年6月号、952頁。
14) 『食生活』Vol.98No.9 社団法人全国地区衛生組織連合会、2004年9月号、126頁。
15) 『臨床栄養』vol.105 No.2 医歯薬出版、2004年8月号、237頁。
16) 『食生活』Vol.99 No.7 社団法人全国地区衛生組織連合会、2005年7月号、123頁。
17) 第19回国家試験までは、150問を3時間45分で解答しなければならなかった。出題基準(ガイドライン)の改定に伴い、第20回国家試験から200問になった。
18) 足立前掲論文、22頁。
19) 同上、22頁。

Ⅶ 栄養士養成系大学ではどんな食育研究をしているのか

1. 盛んな食育論議

　食育基本法を国会で議論し始めた2004年春頃から、食育論議はいっそう盛んになってきた。食育に関する特集を組む食関連雑誌も多い。

　たとえば『栄養と料理』（女子栄養大学出版部）では、2004年4月号から「私の食育活動紹介します」という新シリーズを開始した。シリーズの見出しの下には、以下の記述がある。「今ブームともいえる『食育』。日本全国、さまざまな立場の人がさまざまな形でとり組んでいる試みやノウハウを紹介します。」女子栄養大学出版部は食育をブームとしてとらえているらしい[1]。『農業と経済』（昭和堂　2004年9月号）では、「『食育』何を目指しているのか」という特集を組んだ。冒頭の頁には「ごった煮的食育ブームの行方は？」と題し、岸康彦は「食育はふところが広いといえばその通りだが、見方を変えれば何もかも『食育鍋』にぶち込んだ『ごった煮』の様相でもある。同じように食育を唱えても、食、農、教育といった各分野の関係者ごとに思惑が違っているという現実も見逃せない」（3頁）と指摘する。わずか数年前の2000年に閣議決定した食生活指針の影が薄く日常生活へ浸透していないように、「苦い経験を総括しないままでは、待望の食育基本法も空念仏に終わりかねない」（3頁）と慎重な姿勢を示す。この特集には、本書の「はじめに」でも紹介した「栄養教諭が栄養素士や管理栄素養士で占められないことを期待したい」（13頁）と締めくくる島田彰夫の「食育の動向と食育基本法」が

掲載されている。

また、『食の科学』(光琳、2004年9月号)では、「食育維新」と題し、武部勤自由民主党食育調査会会長(当時)のインタビュー記事から始まる特集を組んだ。服部幸應と加藤純一の対談、砂田登志子のインタビューなど食育調査会に直接関与した関係者に取材した内容となっている。

『食生活』(社団法人全国地区衛生組織連合会　2005年5月号)では、「食育元年、子どもたちの健康のために!」という特集を組み、三名が寄稿している。そのうちの一人桑畑美沙子(熊本大学教育学部教授、主な著書に『わくわく食育授業プラン』、『食べものを教える』等。)は、栄養教諭の制度化について次のような心情を吐露している。「子どもたちの食育を家庭科に任せておけないといわれたかのように思えて、家庭科教育に携わっている者としては寂寥の念を禁じ得ません。」(31頁)

Ⅱで、栄養教諭の制度化にあたり日本家庭科教育学会の意見を紹介した(42頁)が、学校栄養職員が教育分野に進出することを警戒する家庭科教諭の思いを垣間見る内容である。

以上はいずれも、食育基本法制定に関連しての特集[2]である。食関連雑誌が食育関係の特集を組む中で、では研究者らはどのような食育研究を行っているのか。特に、栄養士を養成する立場にある研究者らはどのような問題意識を持って食育研究にあたっているのだろうか。

食育推進に重要な役割を果たすとされる栄養教諭は、栄養士あるいは管理栄養士の免許を持っている。栄養士・管理栄養士は、大学等において専門教育を受け養成される。したがって、栄養士養成系大学等に所属する研究者の食育に関する関心、研究能力が、教育能力にも反映するだろう[3]。

そこで、研究者らの食育に関する論文を素材にし、研究者の問題意識はどこにあるのか、食育研究の特徴を整理する。

2. 食育の研究動向

　食育の研究動向について、三つの学会誌に掲載された論文を過去11年間にわたって分析したものがある[4]。川口・財津は、「現在、食生活とその教育に携わる教師、研究者の間で主として流布している『日本食生活学会誌』『日本家政学会誌』『日本家庭科教育学会誌』の3誌に掲載された、食生活とその指導及び教育に関する論文150例を抽出、分析」(99頁)した。川口らは、1993年から2003年までの11年間分の3誌において食育関連論文は「論文タイトルに『食育』という用語を使用している事例はほとんど見当たらない」[5]と述べる。

　たしかに、2004年以降の上記3誌を確認しても、論文タイトルに「食育」を使用した事例はない(2005年12月現在)。川口らは、論文タイトルに「食育」という用語がほとんど見当たらない理由を「今日の『食育』という概念についての共通認識が定まっていないことの現れとみることができよう」(98頁)と述べている。

　果たしてそうだろうか。2001年頃から「食育」を論文タイトルに使用した研究成果が、大学の紀要等では続々と公刊[6]されている。食育は、栄養士養成系大学の研究者のみの関心事ではない。家庭科教諭、養護教諭等教員養成系大学、農学系大学の研究者にとっても関心あるテーマである[7]。つまり、学会誌に掲載されるかどうかは別にして、食育概念の共通認識とは無関係に食育研究は発表されている。レフェリー制度のある学会誌と大学紀要等を同列に論じること自体、無理な話かもしれない。しかし、大学紀要等に発表する研究者たちが、彼らの所属する学会を支えるのだとすれば、大学紀要等を無視するわけにはいかない

　次節で具体的に検証する論文等は、2004年以降2005年までに発表されたもので、発表者が栄養士養成系大学等に所属しているものに限定した。その理由は、栄養教諭を目指す人は主に栄養士養成系大学で学んでおり、そこに所

属する研究者らの食育の説明、食育に関する問題意識が、栄養教諭の資質に大きな影響を与えると考えたからである。2004年以降の食育研究における、研究者らの食育に関する問題意識、研究内容を明らかにすることにより、栄養士養成校の教育能力を判断する目安にもなろう。

3. 論文に見る食育の説明と問題意識

素材にする論文等は表Ⅶ－1に整理した6本である。2004年以降の論文タイトルに「食育」を使用したものすべてを抽出した。抽出方法は、国立情報学研究所の論文情報ナビゲータを用い、「食育」で検索をかけ、学術雑誌・大学紀要等の掲載論文から抜き出したものである。抽出時期は2005年12月である。論文、研究ノート、総説などの区分は無視し、栄養士養成系大学（短期大学を含む）に所属する研究者らのものを選んだ。

抽出した6本は、調査研究が4本（A、B、D、F）、授業研究が2本（C、E）であった。研究対象別に分けると、保育園児等の子どもを対象とした研究は3本（A、D、F）、学生を対象とした研究は3本（B、C、E）であった。単著は2本、共著は4本であった。

以下、研究者らは「食育」をどう定義し、どんな問題意識から研究を進めたのかを整理していこう。

Aは、三名の固有名詞を挙げ「食育」の説明をする。三名とは、石塚左玄、村井弦斎、砂田登志子である。三名の主張を以下のように紹介する。

「日本での食育という言葉は、明治31年、陸軍薬剤監石塚左玄『通俗食物養生法』[8]の中で『今日、学童を持つ人は、体育も智育才育もすべて食育にあると認識すべき』と書いている。また『食道楽』[9]の著者、報知新聞編集長村井弦斎は『小児には徳育よりも、智育よりも、体育よりも食育が先。体育、徳育の根源も食育にある』と力説されたことにより、明治後期まで広く使われていた。また、健康ジャーナリストの砂田登志子氏は、食育は幼児期から大切さを知り、自分で身体に良い食を選び、健康管理ができるように

Ⅶ 栄養士養成系大学ではどんな食育研究をしているのか

表Ⅶ－1　「食育」がタイトルに使用されている論文等の一覧（2004～2005）

A	研究ノート 「保育所における食育に関する実態調査――大分県の保育従事者の食育意識について――」	別府大学短期大学部紀要第23号、 2004年	単著
B	論文 「管理栄養士教育における食育について（第1報）――野菜・海藻・きのこ類の摂取状況からの一考察――」	茨城キリスト教大学紀要第38号、 2004年	共著 （2名）
C	総説 「食育における行動科学・カウンセリングの必要性――栄養教諭創設にむけて――」	京都女子大学食物学会誌 2004年	共著 （3名）
D	論文 「幼児期における栄養教育 11. 幼児期からの生活習慣病予防を主眼とした食育の推進」	岐阜女子大学紀要第34号 2005年	共著 （6名）
E	論文 「子ども向けの「食育」――学生による食育の演習――」	市立名寄短期大学紀要vol.38 2005年	単著
F	論文 「子どもの食行動と保護者の食意識について（第2報）――お手伝いを通しての食育について――」	桐生短期大学紀要第15号 2004年	共著 （4名）

学習する活動と述べている」（21頁）と、ここまでである。三名の主張を受けて、著者自身の食育の定義や概念整理の論述は見られない。おそらく、砂田の定義に同意しているのだろう。だとすると、食育は幼児が「自分で身体に良い食を選び、健康管理ができるように学習する活動」（傍点は筆者）であると著者は考えていることになる。

Bは食育の定義や概念整理に関する記述はない。冒頭の「目的」部分に一か所だけ「食育」が使用されている。

「21世紀における国民の健康づくりの観点から、現在、第3次国民健康づくり運動『健康日本21』および食育活動が推進されており、管理栄養士・栄養士はそうした活動の企画・運営・推進にあたる専門職として中核的役割を担っている」（205頁、傍点は筆者）。論文タイトルは「管理栄養士教育における食育について」であるが、「食育」はその一か所以外一切使われていない。

Cは、冒頭の「はじめに」の部分に一か所だけ「食育」が使用されている。以下にその文章を抜き出す。「本総説では、筆者が現在、学校栄養職員とし

て学校現場で働く立場から、食育を効果的に実施していく上で必要と思われる行動科学・栄養カウンセリングについて概説し、栄養教諭を含めたこれからの学校栄養士のあり方について考察したい」(21頁、傍点は筆者)。

「おわりに」の部分に以下の説明をしている。「『食育』とは、子供たちとその環境を対象とした栄養教育であり、『知育』『徳育』『体育』全ての基盤となっている。今後、栄養教諭や学校栄養職員は子供たちの望ましい食習慣形成のために、子供を対象とした直接的な栄養教育だけではなく、学校・家庭・地域社会の連携した食育を行い、子供たちが毎日を健康的に元気に暮らせる環境づくりを行っていく必要があるといえる」(28頁)。

ここには「環境」という言葉が二か所使われている。「環境」とは何か。住宅や地域社会、自然など子どもが暮らすまわりのすべてを指すのだとすると、これらを「対象とした栄養教育」は可能なのだろうか。「環境」とはどうやら「人」のことも含むらしい。しかし親のことか兄弟のことか、分からない。栄養教諭や学校栄養職員が子どもを対象に直接的に行う場合が栄養教育で、学校・家庭・地域社会と連携した場合が食育と区別したのではないかとやっと理解できる程度である。しかし、「食育」に関するこれ以外の説明はない。

Dは、関係機関の連携の下、「食育支援委員会」を立ち上げ、協議を重ねる過程で「西濃地域としての食育の定義づけの必要性が生まれ」(62頁)た。そして、「食育とは『自分で自分の健康を守り、健全で豊かな食生活を送る能力を育てることや、それを実現しやすい食環境づくり、それらを支援・推進するネットワークづくり』として関係者で共通の認識を持つこととした」(62頁)と記述している。この文章に続いて、「各団体が疑問点や食教育についての考えを提示しあうことにより、自分たちの地域における役割、地域全体で子どもの食環境整備のために何が必要かを明確にしていくことができた」(62頁、傍点は筆者)とある。せっかく食育を定義づけし、関係者で共通の認識を持とうとしながら、「食教育」と表現する。「食教育」は以下12か

所に使われている。関係者で共通の認識を持つために「食育」を定義しながらも、論文中においては、「食育」と「食教育」を混用している。

　Eは、食育をタイトル中に「　」をつけて表記している。「はじめに」の小見出しに「『食育』の必要性」と書いている。だから当然、著者の主張する食育、「　」をつけた理由が展開されると期待する。しかし、冒頭は「このところ食育への関心が高まっている」(73頁)という文章で始まる。そして、夕食をレトルトカレー、コンビニおにぎりとお茶を用意する主婦の例を挙げ「(前略)このような食環境で、食を通じて家族のつながりを取りもどそうというのが食育である」(74頁)と書く。続けて「食育とは、『人々が人間らしく生きる、生活する資源としての食、同時に健康の資源でもある食を営む力を育てること』と足立己幸女子栄養大学教授は定義している」(74頁)と述べる。足立の定義を紹介するだけで、足立の定義に反対なのか賛成なのか、著者の主張する食育は何か、書かれていない。

　また、論文中に食育という言葉が27回出てくるが、そのうち「　」つきの「食育」と表記した箇所は2か所ある。「　」つきと「　」なしの食育の違い、使い分けをする著者の意図は何か、説明はない。執筆のねらいや要旨を的確に書き表した部分をそのまま引用できる箇所が見当たらないので、筆者なりに要約すると以下のようになる。①料理カードを用いて主食・主菜・副菜の組み合わせを理解させ、②足立・針谷の考案した「3・1・2弁当箱ダイエット法」をもとにして学生らに実際に弁当を作らせ、試食する。③教育媒体を作らせ、発表させ、感想を出し合うというものである。著者は後半部分で、この演習の評価を「成功したといえる」とし、「この模擬実践が食育について考えるきっかけになり、保育現場における食育実践のヒントになることを望んでいる」と書く。つまり、他の研究者の考案した手法を自分も取り入れたら良かった、という実践報告である。しかも、授業者である著者の具体的な授業展開、著者独自が工夫した手法をこの論文から読みとれないため、著者自身の食育に関する問題意識が伝わってこない。

　Fは、論文のサブタイトルに「食育」を使用している。「食育」という言

葉が出てくるのは、後半の考察部分になってからである。考察は、「1．お手伝いを通しての食育」「2．体験的食育の重要性」「3．幼稚園での取り組み」の三つに分けている。「1．お手伝いを通しての食育」では、「藤沢氏は、（中略）と述べている」（69頁）と「藤沢氏」の意見を紹介するのみである。

　上記6本には、著者自らの食育説明は弱く、問題意識が明確になっているものは少なかった。

4．食育研究の特徴

　栄養士養成系大学等に所属する研究者の食育に関する研究の特徴を整理すると以下のようになる。

　一つは、問題意識の弱さである。食生活、食事の何が問題でどうしたらいいのか、自分の研究はそれらの問題意識のどこに位置づくのか、伝わってこない。研究とは、どうしてもいわなければならないこと、是非明らかにしたいことがあって成り立つ。どうしてもいわなければならないことや是非明らかにしたいことは何なのかを明白にしないままに、「ちょっと調査してみました」「授業の感想をまとめてみました」といった「研究」がはびこっている。

　二つは、問題意識の弱さとの関連が大きいが、無批判に先人の業績をなぞる研究が多いことである。同じことをオウムのように繰り返す枕詞、たとえば、判で押したように、村井弦斎と石塚左玄を取り上げる。本当に原著にあたったのか、誰かの引用の引用、いわゆる「孫引き」なのかどうかも不明である。原著あるいは現代語訳を読み込んで新しい発見でもあったのか、と問いたくなる。

　また、20年以上前に提唱された主食・主菜・副菜の組み合わせを相変わらず繰り返している。改善点を加えたり、新たな提案をするわけでもなく、「3・1・2弁当箱ダイエット法」を批判するでもない。他の研究者の提案を追体験し、良かったとする授業報告にすぎないのである。

Ⅶ 栄養士養成系大学ではどんな食育研究をしているのか

　三つは、具体的内容の説明不足である。たとえば、Aの「『キチント』(77)食べてきているか」(73頁)の「キチント」の中味が説明されていない。「朝食をキチント食べる」とはどういう朝食なのか。ご飯、みそ汁、焼き魚、ほうれん草のお浸しがあれば「キチント」なのか。パンと牛乳だけでは「キチント」にならないのか。急いで食べた場合はどうか。「キチント」はどういう食事、食べ方を指すのか、具体的説明がない。

　Eの「丁寧に説明し、具体的な例を示す。(中略)簡単な説明をする」(74頁)という記述がある。何をどう説明することが「丁寧」であり、どんな例が「具体的」なのか、「簡単な説明」とはどんな説明だったのか。この論文の最も重要な部分が説明不足といわざるを得ない。

　四つは曖昧な表現である。それは、本文だけでなく論文タイトルや引用部分にも見られた[10]。論文タイトルは研究者の最もいいたいことを端的にまとめて読み手に伝えるものである。だから、著者の主張を凝縮させたものになる。ところが、上記6本は総じてインパクトが弱く、意味不明のものもあった[11]。

　栄養士養成系大学に所属する研究者らによる食育研究は、学生や学生の実習先・就職先など身近な存在を研究対象としている。身近な存在を研究対象にすること自体、悪いことではない。むしろ、身近な対象の客観的分析を通して問題解決に迫るところに研究の意義があるだろう。

　ところが、問題意識が弱く研究そのものの手法[12]に問題があると、研究目的を達成することにはならない。研究者の研究姿勢が教育姿勢に反映することを考えれば、今後、「食に関する専門性に加え、教育に関する資質を身につけた」栄養教諭を養成するためにも、研究素材を客観的に分析し、再現可能な論証をする姿勢が最低限求められると考える。

注)
1) ただし、第9回(2005年1月号)からこの文章はなくなった。2005年11月号まで連載、2006年1月号からは、「食べるを学ぶ　みんなの食育」というタイトルに変わって2006年6月現在も連載中である。

2）特集記事ではないが、『世界』（岩波書店、2004年11月号）に老山勝は「いま、なぜ『食育基本法』なのか　『食』の国家総動員法の欺瞞と狙い」と題する論文を載せている。概ね好意的な食育関連の情報が多い中、老山論文は、一貫して食育基本法に懐疑的である。
3）基本的に、研究能力が教育能力を規定することを、あらためて説明する必要はないかも知れない。論理的思考力が弱く、事実を正確に伝えられない研究者にまっとうな教育ができるわけがない。別府は「大学教授の仕事・任務の第一は、自分の専門としての学問を通じて、学生にものを考える知的修練・思考訓練を施すことにある」と述べる。別府昭郎『大学教授の職業倫理』東信堂、2005年、16〜24頁。
4）川口恵子・財津庸子「食生活教育領域における『食育』研究の動向」『日本食生活学会誌』2004年、98〜101頁。
5）同上、98頁。
6）たとえば、2001年から2003年までの「食育」をタイトルに使用した論文は、「食教育（食育）を考える」（聖カタリナ女子大学人間文化研究所紀要2001）、「食育および食生活と塩味濃度識別能力との関係について」（大手前大学社会文化学部論集2002）、「長崎食育学の開講をめぐって」（長崎女子短期大学紀要2003）、「子どもの食育に関する研究（その１）小学生のやせ志向とその背景」（高知大学教育学部研究報告2003）等である。
7）2004年以降に限っていえば、栄養士養成系大学以外の研究者らによる論文には、「幼稚園における食育」（奈良教育大学紀要2004）、「大学生への食育のあり方に関する研究」（関西教育学会2004）、「味覚識別能を活用した小学４年生における食育の効果」（島根県立看護短期大学紀要第10巻　2004）、「女子大学生に対する食育に関する基礎的研究――女子大学生への食生活・健康に関する調査から――」（佛教大学教育学部学会紀要第４号2005）等がある。
8）『通俗食物養生法』は明治31年１月27日初版発行されている。「通俗書」として書かれた『食物養生法』であっても難解であるため、現代語訳が出版されている。橋本政憲訳・丸山博解題『食医　石塚左玄の食べもの健康法』農山漁村文化協会、2004年。石塚左玄の食育論を平易に解説した本も出版されている。沼田勇『日本人の正しい食事　現代に生きる石塚左玄の食養・食育論』農山漁村文化協会、2005年。
9）『食道楽』は1903年１月から12月まで報知新聞に連載された。連載中から人気を博し、春夏秋冬の四巻の単行本が順次刊行、「食育論」は秋の巻に掲載されている1200字程度の文章である。『食道楽（上）（下）』岩波文庫、2005年。
10）栄養士養成系大学等に所属する研究者の論文は、総じて脚注や引用部分の書き方が不正確である。厳密な引用をしていないので、何頁のどこの部分を根拠にしているのか明らかではない。したがって、あらためて検証する手がか

りをつかめないことが多い。
11) 「について」とタイトルにつけた論文は3本、4か所ある。「について」論じるのは当たり前であるから、「について」は削除した方が分かりやすい。また、Eの「子ども向けの『食育』——学生による食育の演習——」は、学生が子どもに対して演習を行ったのかと思い読み進めると、著者が実施した演習授業の実践報告であることが分かった。内容を正確に表しているとはいいがたい。
12) 調査集計した人数に整合性が見られなかったり、調査対象の選定理由が不明なものなど、調査手法の弱さを指摘せざるを得ない論文もあった。また、いちいち指摘しなかったが、たとえば、情報交感（情報交換）といった誤字脱字の多さも目立った。

Ⅷ 学校給食における栄養士の強みと展望

1. 要約

　本書は、「食育」、「学校給食」、「栄養士」をキーワードに、食育基本法、栄養教諭制度、学校栄養職員の業務、学校給食の献立変化、栄養士教育、食育研究の検討を通して栄養士の果たすべき役割は何かを問うたものである。これらを問うたのは、食育基本法の登場前後から、学校給食や栄養士に対する社会的期待が高まってきたにもかかわらず、関係者の実態認識があまりにも不足していると考えたからである。

　食育基本法は与野党一致で可決されたわけではない。内閣委員会での質疑や議論の過程で、食育基本法は種々の問題を含むことが明らかにされた。たとえば、極めて個人的な営みである食生活を法律で規制する問題、財政的な裏づけなしで提案した問題等である。特に、経済格差の拡大する中で食生活主体の実態については、重要であるにもかかわらず議論されていなかった（Ⅰ）。

　2005年4月より栄養教諭制度がスタートした。栄養教諭の創設は、関係者にとっては長年の悲願であり、教諭の身分を得ることによる待遇改善が元々のねらいであった。ともあれ、栄養教諭が活躍するためには、自身の資質向上とともに、学校教育における他教科との連携、個別指導も可能となる体制作りが必要である（Ⅱ）。

　さて、学校給食は、児童生徒の成長発達上重要な役割を有する。学校給食の献立内容は、栄養確保を目的とした時代から、教育の一環としての位置づ

Ⅷ　学校給食における栄養士の強みと展望

けに変わってきた。今後、より手作りに近づけること、地元産食材料調達のための工夫、食物アレルギー児への対応等が課題となっている（Ⅲ）。

　学校給食において、学校栄養職員は要となる任務を負っている。教育面の業務だけではない。給食管理全般を担っているのである。しかも、O-157食中毒事件以降の徹底した衛生管理、食物アレルギー児への個別対応、「食に関する指導」の実践等、極めて複雑化、高度化した業務内容となっている。地元産食材料を利用するとしても、数量の確保や調整、調理知識等を必要とする。こうした高い能力を求められているのが現在の栄養士業務なのである（Ⅳ）。

　学校給食をめぐって、自校方式はセンター方式よりも優れているという議論が行われることが多い。食育基本法制定の議論の際にも同様の指摘があった。しかし、学校給食の運営形態は多様であり、どちらが優れているなどと軽々しく判断できない。自校方式より小規模のセンター方式もあれば、どちらともいえない中間形態の学校給食も存在している。運営形態の議論よりも、むしろ、学校栄養職員の献立作成能力等が質の高い給食になるかどうかを左右するのである（Ⅴ）。

　そのためには栄養士養成校の役割が重要である。ところが現在、管理栄養士教育で使われる教科書にしても、管理栄養士国家試験の内容にしても、物事の本質を理解させる能力ではなく、条件反射的思考を身につけさせるに過ぎないのではないか。栄養教諭に必要なのは、身につけた知識・技能を総動員させて、子ども一人ひとりに柔軟に対応できる能力である（Ⅵ）。

　栄養士養成系大学に所属する研究者らはどのような問題意識で研究活動を行っているのであろうか。食育研究論文を題材にして検討を進めた結果、問題意識や課題設定の弱さ等が明らかになった。食育が「国民運動」としてすすめられ、栄養士の力量アップが求められる中で、研究教育の担い手たちの力量が追いついていない、と危惧される（Ⅶ）。

　以上、本書の内容を簡単に要約した。次に、栄養士にはどのような強みがあるのかを考えてみたい。

2．栄養士の強み

　栄養士の職域は、病院、福祉施設、学校、地方自治体など多岐にわたっている[1]。近年では、開業栄養士として、栄養士自らが起業する動きも出てきた[2]が、その数は圧倒的に少ない。しかし、どの職域であっても社会が要請する栄養士の役割は食生活を通した健康づくりであり、栄養士ならではの強みがあるはずである。

　では、毎年約1万8千人も輩出される栄養士に、身につけてもらいたい、栄養士としての強みは何であろうか。

　決定的なものは、調理能力及び調理を指導する能力だと考える。調理の基礎に関する本が売れているのも、人々の関心が調理にあり、その基礎的な力や常識を身につけたいと思っているからであろう。この事実は、基礎的な調理の常識を知らず、その能力に欠けている人がいかに多いかの裏返しでもある。

　家庭を通して伝承されてきた、常識でもあった料理に関する技術や知識が、失われていく傾向にある[3]。栄養士を目指す若い世代においても、例外ではない。筆者らの経験においても、栄養士を目指す学生でありながら、「ほうれん草をゆでたことがない」「ごぼうの皮むきを知らない」という学生はざらにいる。だからこそ、調理学・調理実習などの授業を通して、ほうれん草のあく抜きの意味、包丁のもち方、まな板の使い方等の基本を教えていく必要があった。

　ところが、栄養士養成系大学において、調理学や調理実習を軽視する傾向が見られるようになってきている[4]。2002年から実施のカリキュラムには、調理学関係の単位数が減少した（Ⅵで詳述）。にもかかわらず、学生たちは、もともと弱かった調理能力を補強されることなく栄養士としての免許が付与されるのである。

　調理技術を習得せず料理にも関心の薄い栄養士が、栄養士として働くこと

の何が問題か。調理技術や食品に関する知識は「栄養指導」、「栄養相談」にも関係する。栄養士として職務に就いた時、調理を知らない栄養士に適切な献立作成は難しい。食材料の調理性や調理作業の手順に習熟していない栄養士に、「栄養素」の供給はできても、おいしい給食提供は困難であろう。

さて、学校給食における栄養士の役割に限定して話を進めよう。地元産食材料を学校給食に取り入れる動きが強まっている。食育推進基本計画においても数値目標を挙げて、学校給食への地元産食材料の利用率を高めようとしている。特に、農業関係者の意気込みが強い。彼らが学校給食に注目しているのは、学校給食での消費を通して、ゆくゆくは食料自給率の向上につなげていこうとしているからである。食料自給率を上げ、日本農業を守るため、といってもよい（その困難性はⅠで指摘）。

ただし、栄養士が同じ土俵に立って（日本農業を守り、食料自給率を上げるために）、地元産食材料を用いることにのみ奮闘するのは、どこかで栄養士としてのスタンスを失っているように思うのである。栄養士が地元産食材料を利用するのは、それなりの積極的理由が見出されるからであり、行政や農業関係者に強制されて使用するものではないからである。

学校給食の歴史は、ある意味「余剰農産物の押しつけ」の歴史でもあった。アメリカの余剰小麦と脱脂ミルクで始まった戦後日本の学校給食は、米飯給食が導入されるまで、長らくパン給食であった。粉食を奨励するあまり「米を食べればバカになる」とまでいった。いったのは、当時のマスコミであり、学者であり、栄養関係者であった[5]ことを教訓にする必要がある。1976年に米飯給食が導入されるが、この時も余剰米対策の一環であった。みかん産地でみかんが余るとジュースにして給食へ等、余った農産物を子どもたちに食わせろ式の対応がなかったわけではない。

失敗した農業政策の受け皿に学校給食が存在するのではない。より良い給食を提供するために、食素材を生み出す農林水産業を理解する必要がある。

結果として「食料自給率を上げ、日本農業を守る」ことにつながるとしても、栄養士がまず考えるべきことは、地元産食材料が地元産であるがゆえに、

新鮮で栄養価値があり、おいしく経済的である等のメリットがあるかどうかである。地元産というだけで、鮮度や味、安全面、経済面に問題がある食材料を学校給食に使用できるとは考えられない。

食生活の問題は極めて地域性が強い。北海道と沖縄では気象条件はまったく異なり、生産される食料や入手可能な食材料も異なる。したがって、その土地に継承される料理法や食べ方もまた異なっている。地元産食材料を意識的に用いることによって、本来、食生活とは地域性のあるものだという教育が可能になる。栄養士には、農林水産業を理解し、献立に反映させ、教育につなげることが求められる。

栄養士としてのスタンスを明確にすることで、栄養教諭としての専門性も評価されるのである。

3. 展望

2004年1月20日の中央教育審議会答申では、「近年、食生活の乱れが深刻になっており、望ましい食習慣の形成は、今や国民的課題になっている。子どもたちが将来にわたって健康に生活していけるようにするためには、子どもたちに対する食に関する指導を充実し、望ましい食習慣の形成を促すことが重要である。また、食に関する指導の充実は、『生きる力』の基礎となる体力を育むほか、食文化の継承、社会性の涵養などの効果も期待できる」[6]と指摘する。

ところが、深刻な食生活の乱れとは、「朝食抜きの子どもたちが増えている」、「偏った栄養摂取による肥満症や高血圧症など生活習慣病が若年化している」、「子ども一人で食事をするという孤食が増加している」などの画一的な指摘しか行っていない。

子どもたちの食生活問題に正面から向き合い、その解決方向に導いていくには、どこの地域でも取り上げられている表面的、画一的な問題対応に止まっていては解決は難しい。

今日、日本社会における経済格差が拡大し、給食費の払えない保護者が増加する、夏休みになると子どもの体重が減るなど、子どもの食生活に影響が現れ始めている。子どもたちの食生活が、居住地の生活環境、保護者の年収やその勤務状況等に左右されることはいうまでもない。

　子どもの食生活問題に対して、どうすればその状況を変えられるか。たとえば、朝食をとらない子にどうしたら朝食を摂らせることができるのか。多くは、朝食抜きの問題点をあげ、朝食の大切さを理解させるという論法である。しかし、朝食抜きには、必ずその理由があり背景がある。夜、カラオケに子どもを連れていく親が、親子共々朝起きられず、食事をしないのか、酪農家の家庭で朝食時に親が搾乳作業でいないから食べられないのか、看護師の母親が夜勤が多くて朝食を抜くのか、理由や背景はおそらく様々であろう。それらの家庭における生活状況を把握しないまま、朝食は大事だから食べようというかけ声で、子どもの食生活が変わるとは到底思えない。食に現れる問題を家族の労働条件を含めた生活全体から見る必要がある。子どもの食生活問題は、食に目を向けるだけでは解決の糸口は見つからない。

　食育基本法の理念を実現させるために食育推進基本計画がまとめられた[7]。2010年度までに小学生の朝食欠食率をゼロに近づけることなどの数値目標が盛り込まれている。数値目標を示して推進させようとする試みは今回に始まったものではない。「健康日本21」では、2010年の目標値を示し、食習慣の改善を促している[8]。具体的な数値を挙げることは、一見分かりやすく、効果があったかどうかの判断も下しやすい。しかし、この発想は一面官僚的である。食生活を改善しようとする時、数値で判断できないこともある。結果が出るのに時間がかかることもある。

　栄養士、栄養教諭を代表とする食育関係者には、数値目標だけに左右されない、長期的な視点を持つことも必要なのである。

　さらに重要なのは、他職種（たとえば、家庭科教諭、養護教諭、担任、保健師、校医等）との協力体制であり、他地域で働く栄養士との情報交換である。学校現場において栄養士は少数派である。児童生徒数の多い地域には数

名を配置しているが、栄養士が1名ないし2名という職場は多い。どれだけ他職種の人たちと連携がとれるかがキーポイントになる。また、先進的事例から学び、情報交換を重ねることで展望を見いだすこともできるであろう。

　2005年4月から三つの県でスタートした栄養教諭の採用は、おそらく関係者の期待通りには進まないだろう。文部科学省によれば、2006年4月現在、47都道府県のうち26道府県で栄養教諭を採用した。ホームページ上では、採用した道府県名を明らかにするのみで、何名かは明記していない[9]。各地方自治体の財政状況は悪化の一途を辿り、給与の削減、職員の採用減の方向にある。たとえば、北海道では、栄養教諭を08年度までに511人へ増やすという計画を立てた[10]。しかし、道職員の定数を減らし、給与削減が実施される中で、財政に直接影響を及ぼす栄養教諭511人の採用が可能だろうか。仮に実施したとしても、限りある財源のしわ寄せはどこかに現れる。

　栄養教諭の採用だけが、食育推進の方策ではない。小泉内閣の産み落とした食育をブームとして終わらせてはならない。全体的状況を把握し、効果的方策と長期的見通しの検討が必要なのである。

注）
1 ）唯一の栄養士免許取得者の職能団体が社団法人日本栄養士会である。活動分野別に、全国病院栄養士協議会、全国福祉栄養士協議会、全国地域活動栄養士協議会、全国学校健康教育栄養士協議会、全国行政栄養士協議会、全国集団健康管理栄養士協議会、全国研究教育栄養士協議会の7つの職域協議会を組織している。パンフレット「管理栄養士・栄養士への道2006年版」社団法人日本栄養士会、2006年3月発行、参照。会員数は56,922名（2004年度）である。社団法人日本栄養士会第47回通常総会資料。
2 ）組織に入らず、自らが起業する栄養士は、長年の栄養士としてのキャリアを生かして独立するケースが多い。社団法人日本栄養士会も開業栄養士の活動を取り上げている。「明日へはばたく栄養士――実践活動のひろば――」『栄養日本』社団法人日本栄養士会、第46巻10月号、2003年。
3 ）1960年以降に生まれた現代主婦は食を軽視する年代であり、家庭で料理を習った経験もなければ、結婚後も積極的に料理をする傾向にない。岩村暢子『変わる家族　変わる食卓』勁草書房、2003年。
　　1980年代後半、筆者（河合）の師である調理学の先生が「近頃の学生はお

茶の入れ方を知らない」と嘆いていたことを思い出す。煎茶を熱湯で入れ「このお茶、何や苦いなあ」と平気でいう学生に、調理学の先生は、栄養士を目指す学生であっても調理技術の蓄積に大きな変化があることを感じておられた。
4）栄養士養成系大学での調理学分野の軽視は、栄養士業界においても連動している。栄養士は献立作成が仕事の中心なのだから、厨房に入る必要はないと考えている関係者は多い。長年栄養士として働いた経歴をもつ栄養士養成系大学の教員の話を聞いたことがある。「あなたたちは栄養士になるのであって、調理師になるわけではありません。だから、厨房に入って包丁を持ったり煮炊きする必要はないのです」と学生たちを指導していた。栄養士は調理師とは異なるのだというおかしなプライドを植え付けることにもなる。調理を一段低いものとして位置づけている栄養士が、残念ながら一部存在している。

一方、栄養士の職域として、病院、学校、福祉施設、自衛隊など多くの職場があるが、病院に勤務する栄養士こそが栄養士のエリートであるというプライドをもっている栄養士も、中にはいる。
5）政府等は、米が不足していた戦後の食糧難を解決するために、アメリカから余剰小麦を輸入し、小麦粉を食べること（粉食）を奨励した。この粉食奨励が結果として米食（粒食）批判をもたらした。高嶋光雪『アメリカの小麦戦略』家の光協会、1979年、152～156頁。
6）2004年1月20日、中央教育審議会スポーツ・青少年分科会「食に関する指導体制の整備について（答申）（概要）」
7）猪口邦子食育担当大臣ら関係大臣と有識者で構成する検討会が2006年1月20日までにまとめた。学校給食での地場産利用を全国平均の21％から30％に引き上げる数値目標も明記している。
8）「健康日本21」は、1998年に厚生省（当時）が策定に着手し、2000年から2010年を目標年次として、国民の健康づくりを総合的に推進するものである。9分野70項目にわたって数値目標を具体的に設定している。たとえば、喫煙している高校3年男子36.9％を2010年には0％にするとか、日常生活における歩数（女性）を7,282歩から8,300歩以上にするなど。
9）財団法人学校給食研究改善協会のホームページ（http://www.gakkyu.or.jp）によれば、2006年4月現在、全国26道府県で302名の学校栄養教諭が配置されている。学校栄養職員から栄養教諭に移行する場合、給料増に伴う負担が自治体のネックになっている。一人当たり年間40万9,000円（40歳標準モデル）の給料アップになる（『毎日新聞』2006年5月22日付、東京朝刊）。
10）2006年3月に策定した「北海道食育推進行動計画」において、数字を挙げている。蛇足ながら、北海道産食材料の購入率を金額ベースで39％から70％へ高めるとともに全市町村で道産小麦パンを使うことも明記している。

あとがき

　筆者らは栄養士を養成する短期大学に所属し、教育研究の一端を担ってきた。その中で、地域住民の食生活向上に寄与し得る栄養士を社会に送り出すためにはどうしたら良いのか、を考え続けてきた。本書は、自らの反省を含めた問題提起の書ともなっている。

　本書の章別執筆分担は、以下の通りである。Ⅷは執筆者三人の協議によってまとめたものである。文体などの全体的微調整は河合が担当した。

　はじめに、Ⅱ、Ⅲ、Ⅴ、Ⅵ、Ⅶ ………………………河合　知子
　Ⅰ …………………………………………………………佐藤信
　Ⅳ …………………………………………………………久保田のぞみ

　もともと学校給食を研究対象にしたのは、食生活論や栄養教育論等の教育上、必要に迫られてのことであった。しかし、学校給食に関する先行研究から知り得ることと現実の学校給食には大きな隔たりがあることに気づくようになった。特に、1998年度から３年間にわたって行った科学研究費「学校給食の方向性と地域農業に関する実証的研究」は、学校給食の多様な運営形態の存在と栄養士の多彩な取り組みを学ぶこととなった。その後、2003年度からの科学研究費「学校給食におけるＢＳＥ問題と地元産食材料使用に関する実証的研究」等を通して、認識は深まっていった。

　本書をまとめるにあたり、学校給食に関わる様々な方々から有益な意見をいただいた。また、幼稚園・小学校教諭や栄養士として働く卒業生たちから、学校給食現場の生々しい実態や率直な感想を聞くこともできた。それぞれのお名前をここでは挙げ切れないが、感謝の意を表したいと思う。

　また、私たち三人にとっては、かつての同僚でもあり、久保田にとってはゼミの恩師でもあった芝田和子先生（市立名寄短期大学名誉教授）には、原

あとがき

稿段階から適切なアドバイスをいただいた。先生の助言と励ましがなかったら、上梓することは困難だった。感謝申し上げる次第である。

本書は、現在栄養士として働いている人、これから栄養士を目指す人たちはもちろんのこと、日本の食と農業をめぐる動きや食育に関心のある人々に目を通してもらいたくまとめたものである。

調理師、保健師、看護師、学校教諭、農業関係者など栄養士と共に仕事をする機会の多い人たちにも、本書をご一読いただきたい。栄養士との連携が一層深まり、食生活問題の解決への糸口になることを期待している。

現在栄養士としての職につき、食育に関わる人が、現実の様々な困難に立ち向かいながら何をどう考え、どんな行動、実践を行ったらいいか、その一助になれば望外の幸せである。その意味では、栄養士という職業が、社会的要請に応え得ることを願い、栄養士にエールを送る書である。

最後になったが、出版、編集の労をとっていただいた筑波書房の鶴見治彦氏に御礼を申し上げたい。

2006年6月

著者を代表して　河合　知子

索引

あ行

アスベスト …………………75, 76, 87
足立己幸 ……………15, 25, 36, 125
生きる力 ………………26, 27, 134
猪口邦子 …………………………9
石塚左玄 …………………122, 126
O-157食中毒事件
　…59, 72, 73, 74, 75, 76, 77, 87, 131
大間知啓輔 ……………………92
奥村彪生 ………………………10
親子方式 ………………………94

か行

開業栄養士 …………………132
香川綾 …………………………62
学校給食衛生管理の基準 …………72
学校給食法 …………37, 50, 112, 113
学校教育法 ………………35, 37
家庭科教諭 …………43, 120, 121, 135
加藤純一 ……………………120
金田雅代 …………………36, 78
管理栄養士国家試験 ……109, 116, 131
給食管理能力 …………………86
給食だより ……………41, 97, 98
牛肉偽装事件 …………………17
強化食品 ………………51, 62, 63
強化米 …………………………63

郷土食 …………………59, 66, 67, 69
郷土料理 ……………57, 59, 65, 66
健康増進法 ……………………38
健康日本21 ……24, 38, 107, 123, 135
小泉純一郎 ……………………15
小泉政権 …………………17, 22
小泉内閣 ……………………136
交流給食会 ……………………93
献立作成能力 …98, 99, 103, 104, 131

さ行

佐伯矩 …………………………11
島田彰夫 …………………10, 119
除去食 ……………………74, 75
食育コーディネーター …………9
食育指導士 ……………………9
食育推進基本計画
　………………9, 14, 17, 133, 135
食環境 ……………25, 26, 27, 87,
　104, 124, 125
食教育 …11, 14, 15, 42, 66, 124, 125
食事バランスガイド ……………18
食生活指針 ……18, 24, 38, 108, 119
「食」に関する指導の充実について
（通知）………………………78
食に関する指導体制の整備について
（答申）………………36, 38, 42
食農教育 …………………14, 15

— 141 —

食品安全基本法 …………………17
食品公害問題 ……………………65
食文化………15，23，30，66，113，134
食物アレルギー ……………29，41，42，
　68，74，75，97，98，110，131
食料自給率 …………18，30，107，133
食料・農業・農村基本法 ……………18
食を営む力 ………25，27，28，29，125
食を考える国民会議 …………………18
収穫体験学習 ……………………93
砂田登志子 ……………15，120，122
生活習慣病……25，107，108，110，134
生活の質（QOL）…106，107，108，109

た行
武部勤………………………15，120
田中信 ……………………………37
地産地消 …………………………9，10
調理技術 ……………………132，133
調理済み加工食品 ………………57，68
調理能力 …………………………132
ティーム・ティーチング ………79，80
伝統食 ……………………………15
統一メニュー ……………………77

ドライシステム …………………97
鳥インフルエンザ ……………75，87

な行
日本型食生活 ……………………18
日本家庭科教育学会
　………………42，43，120，121
農業理解促進対策事業 ……………93

は行
HACCP …………………………74
服部幸應 …………………………120
半調理済み食品 …………………66
BSE ……………17，18，75，87，88
フードシステム …………26，27，28
ふるさと給食週間 ………………93
米飯給食 …………51，52，59，66，133

ま・や・ら行
牧野カツコ ………………………42
村井弦斎 …………………122，126
養護教諭 ………87，113，121，135
ライフスタイル …………………24

著者紹介

河合知子（かわいともこ）
岡山県生まれ。京都府立大学生活科学部食物学科卒業後、道職員を経て2004年3月まで市立名寄短期大学生活科学科助教授。博士（農学）。管理栄養士。
主な業績：「北海道の食生活」美土路達雄編『北のくらしと家政学』（共著、北海道大学図書刊行会、1987年）、「食生活問題としての「食品の安全」」日本農業市場学会編『食品の安全性と品質表示』（筑波書房、2001年）、『北海道酪農の生活問題』（筑波書房、2005年）など。
Eメールアドレス：kawait@sea.plala.or.jp

佐藤信（さとうまこと）
北海道生まれ。北海道大学大学院農学研究科博士課程中退。博士（農学）。現在、名寄市立大学保健福祉学部助教授。
主な業績：「生活協同組合と地域農業の変革」臼井晋編『市場再編と農村コミュニティ』（高文堂、1999年）、「食品の安全確保と生協の対応」日本農業市場学会編『食品の安全性と品質表示』（筑波書房、2001年）など。
Eメールアドレス：ks9570@hokkai.or.jp

久保田のぞみ（くぼたのぞみ）
北海道生まれ。名寄女子短期大学卒業後、病院・市町村栄養士を経て、現在、名寄市立大学保健福祉学部講師。管理栄養士。
主な業績：「栄養改善活動における市町村栄養士の役割と課題」『地域と住民』第17号（市立名寄短期大学道北地域研究所、1999年）など。
Eメールアドレス：nkubota@nayoro.ac.jp

問われる食育と栄養士
学校給食から考える

2006年7月30日　第1版第1刷発行
2009年6月30日　第1版第2刷発行

　　著　者　河合知子・佐藤信・久保田のぞみ
　　発行者　鶴見淑男
　　発行所　筑波書房
　　　　　　東京都新宿区神楽坂2－19 銀鈴会館
　　　　　　〒162－0825
　　　　　　電話03（3267）8599
　　　　　　郵便振替00150－3－39715
　　　　　　http://www.tsukuba-shobo.co.jp

　　定価はカバーに表示してあります

印刷／製本　平河工業社
© 河合知子・佐藤信・久保田のぞみ 2006 Printed in Japan
ISBN4-8119-0308-0 C3036